MA CLÉ *du* BONHEUR

Crédits Photographiques :
© B&L pour les pages : 6, 9, 14, 16, 21, 24-25, 27, 38, 41, 46, 50, 55, 60, 65, 70, 72, 78 (haut gauche et bas droite), 83, 90, 97, 103, 108-109, 113, 118, 121, 123, 125, 128, 142, 151, 157, 161, 165, 181, 185, 190-191.
© istock pour les pages : 68-69, 86, 94, 111
© Laurent Zabulon/TF1/SIPA pour la page 78 (haut droite et bas gauche). Avec Christophe Licata.
© Julien Cauvin/Starface pour les pages : 168-169.
© Benjamin Decoin/Starface pour les pages : 135, 146, 179.

ISBN : 978-2-412-03871-0
Dépôt légal : octobre 2018
Imprimé en Espagne

Avec la collaboration d'Élodie Miossec
Édition : Mathilde Poncet
Mise en page : Istria
Correction : Anne-Lise Martin

Éditions First, un département d'Édi8
12, avenue d'Italie
75013 Paris – France
Tél : 01 44 16 09 00
Fax : 01 44 16 09 01
E-mail : firstinfo@efirst.com

Site Internet : www.editionsfirst.fr

Laëtitia Milot

MA CLÉ *du* BONHEUR

FIRST
ÉDITIONS

Introduction

Vous avez remarqué comme nous réagissons différemment quand la vie ne nous épargne pas ? Je sais de quoi je parle : décès, maladie, déceptions… j'ai vécu mon lot de moments difficiles. Mais entre me replier sur moi et m'ouvrir aux autres, j'ai fait mon choix. J'ai décidé de ne pas me laisser abattre et de sourire à la vie malgré les coups du sort !

C'est vrai que j'ai naturellement un état d'esprit très positif, probablement hérité de mon papa, qui rit au moins dix minutes par jour. Alors pour celles et ceux qui n'ont pas eu cette chance, j'ai eu envie d'écrire ce livre. Pour partager ma clef du bonheur. Car profiter des petites joies de la vie malgré les embûches, ça n'est pas si facile. On se laisse si vite happer par la grisaille ambiante…

Pourtant, le bonheur, c'est avant tout les choses simples. Échanger avec un être cher, sentir l'odeur qui s'échappe d'une boulangerie le matin ou écouter une chanson qui vous inspire. C'est en étant attentif à tout cela que l'on est heureux d'exister.

Alors si, grâce à mes petits conseils et astuces, vous réussissez à sourire à la vie, que ce soit au travail, dans votre vie personnelle ou sentimentale, j'aurai réussi mon pari. Et n'oubliez pas, c'est à force d'essayer qu'on finit par se lever le matin avec l'envie de croquer la vie à pleines dents !

Chapitre 1

À chacun son chemin

Il n'y a pas de hasard,
il n'y a que des rendez-vous.

Nous avons tous des parcours différents. Des joies, des peines, des blessures plus ou moins bien cicatrisées. Mais ce n'est pas parce que nos chemins ne sont pas des lignes droites bien tracées que le bonheur n'est pas à portée de main. Sourire à la vie malgré tout, être positif et ouvert aux autres, cela se travaille. Et cela vaut le coup, car la joie de vivre en est la récompense !

Que ce soit dans ma vie professionnelle ou dans ma vie privée, la plupart des grands tournants ont été déclenchés par des rencontres. Être attentif, prêt à accueillir les possibilités que les hasards de l'existence mettent sur votre chemin, c'est important. Eh oui, rien de plus naturel : personne n'a envie d'aller vers quelqu'un d'aigri, de râleur, de centré sur lui. Au contraire, si l'on est solaire, qu'on ouvre les bras, qu'on s'ouvre au monde, les autres viennent vers nous, avec toutes les possibilités que cela engendre.

On ne peut être ouvert au monde que si l'on se sent bien. C'est pour cela que tout au long de ce livre, je vous proposerai des petites astuces pour vous sentir à l'aise, bien dans votre peau. Bien dans votre corps, bien sûr, mais aussi zen dans votre tête, chez vous et au travail. Et puis, si vous êtes en couple, je vous indiquerai aussi comment en faire un havre de paix et, le cas échéant, comment vivre pleinement une grossesse.

TOUJOURS SOURIRE *à* LA VIE !

Comme beaucoup d'entre nous, je n'ai pas toujours connu une vie facile. D'abord, mes parents ont divorcé lorsque j'étais jeune fille, puis j'ai multiplié les galères avant de réussir professionnellement. Et surtout, Yannis, mon premier compagnon, que j'ai accompagné jusqu'à la fin, est décédé d'un cancer à vingt-deux ans…

Sourire à la vie, c'est Yannis qui me l'a appris. Sa maladie avait beau être incurable, il a toujours gardé espoir. Jusqu'au dernier souffle, il a eu le sourire aux lèvres. Il me disait même qu'il y avait pire, que des gens étaient dans des situations bien plus graves que la sienne. Pour lui, la maladie n'a pas gagné, car il a croqué la vie à pleines dents jusqu'au dernier moment.

Cette leçon qu'il m'a transmise, j'essaie de l'appliquer dans ma vie actuelle. C'est pour cela que je suis positive. J'aime la vie, malgré les embûches. Et comme j'ai bien conscience qu'on en a qu'une et qu'elle peut s'arrêter n'importe quand, j'essaie d'en profiter à chaque instant. J'aimerais vous faire bénéficier de cette leçon durement acquise. Car la vie est beaucoup trop belle et trop courte pour ne pas en profiter au maximum !

Alors, si je devais résumer le fond de ma pensée en quelques mots, ce serait : ne gardez pas le négatif, ne regardez pas derrière vous. Au contraire, pensez à l'avenir, à toutes les possibilités qui s'offrent à vous, et imaginez que tout est possible. En gardant l'espoir, en ayant des projets, vous vous mettez dans le bon état d'esprit. Si vous souriez à la vie, elle vous sourira.

« Voyez la vie dans sa globalité. »

Relativisez !

Ne vous prenez pas la tête avec des futilités. Trois kilos en trop, des chaussettes qui traînent, un embouteillage, un collègue pénible… On s'en moque ! Tellement de faits terribles peuvent se produire qu'il est vraiment dommage de se tracasser pour des broutilles. Voyez la vie dans sa globalité : est-ce la poubelle pas sortie qui compte, au final, ou un moment de partage avec ses proches ? Le choix est vite fait, n'est-ce pas ? Alors appliquez ce principe au quotidien, il rend la vie plus belle !

Être GÉNÉREUX

Quand je parle de générosité, il ne s'agit pas de faire un don à une association. Bien sûr, ce geste ne peut pas nuire, si on a les moyens de le faire ! Mais signer un chèque ne rend pas généreux. Car la véritable générosité est celle du cœur. Être généreux humainement, savoir regarder ce qui nous entoure, écouter les autres, donner de son temps, cela n'a pas de prix.

Lorsque l'on a compris cette vérité, on regarde autour de soi. Et l'on peut prendre conscience de la chance que l'on a. Il suffit d'allumer la télé pour voir celle que l'on a d'être ici et maintenant… et que tout le monde n'en bénéficie pas, malheureusement.

Je pense sincèrement qu'en semant le bien, on le répand également. Un peu comme la roue d'un moulin que l'on alimente et qui finit par aller de plus en plus vite. En étant généreux, en faisant le bien autour de soi, on propage des « ondes positives » qui profitent à tous. Pensez-y !

Donner de son temps

On a toujours l'impression d'être débordé par la vie courante. Un peu comme le lapin d'*Alice au pays des merveilles*, toujours en retard, en train de courir ! Mais donner un peu de son temps – même un tout petit peu – pour aider les autres, c'est essentiel. Si vous cherchez bien, il y a sûrement une cause qui vous tient à cœur, pour laquelle vous pourriez vous investir. Ainsi, je suis engagée dans plusieurs associations, dont certaines pour aider les enfants atteints d'un cancer : 1, 2, 3 Soleil, Phonambule et la Ligue contre le cancer. Et c'est en leur rendant visite que je me sens le plus utile. Leur consacrer du temps, les faire sourire, les écouter, c'est très important, pour eux et pour moi. Je suis même persuadée que cela peut les aider à lutter contre la maladie.

Apporter une touche *de bonheur*

Vous l'avez compris, cet état d'esprit et ce sourire, je les ai acquis par mon expérience, parfois dans la douleur… Lorsque j'ai publié mes précédents livres, j'ai constaté que mes récits pouvaient aider certaines personnes à traverser des moments difficiles. Avec celui-ci, j'aimerais apporter un petit peu de bonheur dans le quotidien. Pour que vous aussi, comme moi, vous glissiez un petit rayon de soleil supplémentaire dans votre vie, au jour le jour.

Croire en ses rêves

Quand Yannis est parti, j'ai pensé que je ne me relèverais jamais. Je ne croyais plus en rien, je n'imaginais plus pouvoir m'investir un jour dans une relation amoureuse. Pourtant, Badri, qui est devenu mon mari, m'a prouvé le contraire et me le prouve tous les jours depuis. C'est aussi grâce à lui que j'ai persévéré dans le métier de comédienne. Même quand cela ne marchait pas, il croyait en moi. Il a su me pousser, m'encourager. Si j'en suis là aujourd'hui, c'est grâce à lui… La leçon que j'en ai tirée est qu'il ne faut jamais baisser les bras. Si vous croyez en vos rêves, vous vous donnez une chance d'y arriver. Et rien que cela, c'est une réussite, car vous vous rendez la vie plus belle en la voyant en rose !

Il n'existe pas une seule manière d'aborder ce livre. On n'est même pas obligé d'aimer lire pour s'y plonger. J'ai voulu écrire très simplement, pour que vous puissiez parcourir quelques pages quand vous avez un moment. Vous pouvez l'ouvrir, même au hasard, de temps en temps et y piocher une astuce, un petit conseil ou un mantra. J'espère qu'il vous aidera à vous sentir le mieux possible dans votre peau, à être serein(e) dans votre vie, professionnelle ou personnelle, à vous épanouir vis-à-vis des autres.

« Pour croquer la vie à pleines dents ! »

Ma playlist coup de cœur

Certaines chansons nous parlent. Elles ont du sens, elles nous rappellent ce qui est réellement important. J'ai eu envie de vous faire partager celles qui comptent pour moi. J'espère qu'elles vous aideront vous aussi !

– *Quand je serai grand* de Slimane

– *Petite Émilie* de Keen'V

– *La corrida* de Francis Cabrel

– *Manhattan-Kaboul* de Renaud et Axel Red

– *Cœurdonnier* de Soprano

– *Dumbo* de Vianney

– *Luka* de Suzanne Vega

– *Kid* d'Eddy de Pretto

– *Parle plus bas* de Dalida

– *Il est où le bonheur* de Christophe Maé

– *Mean* de Taylor Swift

– *Le soldat* de Florent Pagny

– *Mon frère* de Sol

– *Voler de nuit* de Calogero

– *Hotel California* des Eagles

– *Un homme debout* de Claudio Capéo

– *Juste après* de Fredericks Goldman Jones

– *Sonotone* de MC Solaar

Chapitre 2

Bien dans mon corps

*Ne remets pas à demain
ce que tu peux faire aujourd'hui.*

Être bien dans son corps, c'est super-important. Pour se sentir zen, avoir la pêche et le sourire, il faut être en accord avec lui et prendre du temps pour se faire du bien. Pas forcément beaucoup de temps – car nos plannings ne nous laissent guère de répit ! – mais assez régulièrement pour aérer le quotidien.

En dégageant par-ci par-là des petites pauses bien-être, vous sentirez la différence. Mais pas de panique, il n'est pas nécessaire de se lancer dans des rituels compliqués et impossibles à caser dans votre agenda pour vous sentir bien. Il suffit d'avoir une hygiène de vie plus saine, de faire du sport régulièrement, de prendre soin de sa peau, de manger équilibré… et surtout de se faire plaisir ! Ces petits gestes et petites habitudes sont très importants pour moi. J'espère réussir à vous convaincre de les mettre en application chez vous !

Il y a toujours une prétendue bonne raison pour ne pas se faire à manger et avaler un hamburger, pour aller se coucher sans se démaquiller, pour laisser tomber le sport. « Ne remets pas à demain ce que tu peux faire aujourd'hui » : cette petite phrase, je me la répète comme un mantra. Elle me suit au quotidien, dans mon travail comme dans ma vie personnelle. Dès que je sens que je risque de flancher, je me la répète. Faites l'essai, vous verrez, le procédé est efficace. Existez pleinement dès aujourd'hui, la vie est trop belle pour ne pas en profiter tous les jours au maximum !

Je me défoule *en* faisant du sport

On ne le dira jamais assez, l'activité physique, c'est bon pour la santé ! Pour beaucoup de personnes, le sport est synonyme de corvée… pourtant c'est indispensable d'en faire pour avoir une bonne hygiène de vie ; notre corps en a besoin. Le sport nous permet de se défouler. De fait, cette activité me permet d'oublier les soucis de la vie quotidienne, de me vider la tête, d'être positive. Bref, elle me fait un bien fou ! En plus, j'adore pratiquer un sport depuis que je suis toute petite. J'ai même été inscrite en sport-études. J'aimais tellement cela qu'en rentrant de l'école, après avoir pourtant déjà fait plusieurs heures de danse, je chaussais mes patins à roulettes pour jouer aux J.O. de patinage artistique sur la terrasse ! Rien ne pouvait m'arrêter.

Le métier de comédienne sollicite beaucoup le corps. Pour certains rôles, je dois modifier mon apparence. Dans *Quand je serai grande, je te tuerai*, j'ai interprété le rôle de Jeanne, une femme mal dans sa peau. Pour rendre le personnage plus fort, j'ai dû prendre quelques kilos. Ensuite, pour jouer Olivia dans *La vengeance aux yeux clairs*, j'ai au contraire dû en perdre. Pour rester en forme malgré ces variations rapides, le sport m'aide beaucoup.

Bon, vous avez sans doute compris mon message : faites du sport, vous vous sentirez mieux dans votre corps ! Évidemment, parfois, lorsqu'il fait froid, qu'il pleut ou qu'on est fatigué, c'est difficile de bouger. Moi aussi, après une longue journée de tournage, j'ai envie de m'avachir sur mon canapé avec mes chiens et une couverture au lieu de mettre mes baskets… Dans ce cas-là, je me force à faire le premier pas en me répétant mon mantra.

Kalenji

Et vous, faites-vous de l'exercice ?

Vous conseiller de suivre exactement le même entraînement que moi ne serait pas très malin, car vous avez probablement des envies et des besoins qui n'ont rien à voir avec les miens. Je préfère vous proposer un petit récapitulatif des différentes façons de vous sentir bien dans votre corps grâce au sport. L'essentiel est de s'entraîner régulièrement. Vous sentez votre courage diminuer ? Pensez à mon mantra (encore…) !

Pour vous défouler : la course à pied, le body combat, l'aquarunning, le vélo, la boxe, la zumba.

Pour vous sculpter : le Pilates, les abdos-fessiers, le step, les palmes de natation, le roller (c'est bon pour les fesses !), l'aquagym, l'aquafitness, le vélo elliptique, le rameur.

Pour vous détendre : le yoga, le stretching, la barre au sol.

Pour vous affiner : le body attack, le body sculpt, l'aquabiking (c'est excellent pour se raffermir et lutter contre la cellulite !), la marche rapide, la natation, la danse, le ski de fond l'hiver, la corde à sauter.

Chacun a un rythme qui lui correspond. Moi, je m'astreins à faire du sport tous les deux jours. Ainsi, je mets mon corps au repos une journée entre deux entraînements : l'objectif est de n'avoir pas trop de courbatures pour pouvoir marcher normalement ! Nul besoin non plus de passer trois heures sur un tapis pour que l'entraînement soit efficace : 45 minutes ou une heure suffisent. Au pire, 30 minutes, c'est déjà bien. L'essentiel reste de garder le rythme sur le long terme (encore une fois, pensez à mon mantra si vous avez un coup de mou).

Si vous n'avez vraiment pas le temps de faire du sport, il y a quand même des solutions. En étant actif 30 minutes par jour, on peut obtenir des résultats. Alors au lieu de prendre les transports en commun ou la voiture, marchez ! Et empruntez les escaliers plutôt que l'ascenseur, en gardant en tête de serrer les abdos et les fessiers.

Le type d'entraînement est aussi une affaire de choix personnel. Chacun a des envies et des besoins différents. Ce qui compte beaucoup, c'est le plaisir ! De mon côté, j'alterne entre le cardio et les exercices axés sur le raffermissement, la souplesse et la musculation. Course à pied, aquagym, fitness en salle… je mixe les genres pour me procurer un maximum de bien-être. Petit détail qui a tout de même son importance : après une bonne séance, on n'a pas tellement faim. Ce qui permet de dîner légèrement sans avoir la sensation de se priver. La cerise sur le gâteau, tout simplement !

Le running

Une bonne séance de course, c'est l'idéal pour booster le cardio et attaquer efficacement la cellulite. Je cours environ 45 minutes, une ou deux fois par semaine, dans la campagne autour de chez moi. Cela fait un bien fou de courir en pleine nature. En plus, ma chienne Jaï m'accompagne (c'est elle qui m'a volé la vedette dans *La vengeance aux yeux clairs*), c'est que du bonheur !

Mon appli running, mon coach perso

La course à pied est un sport ingrat, il faut bien l'admettre. Difficile de savoir si on progresse, si on va assez vite, si on court assez longtemps, si on fait le bon parcours, etc. Pour vous aider, vous pouvez télécharger une appli de running. Moi, j'utilise Runtastic. Il n'y a rien de tel pour se motiver, savoir où on en est, et même connaître le nombre de calories dépensées.

Vous pouvez faire de l'endurance classique, mais vous pouvez aussi vous mettre au fractionné (attention, une fois que vous serez un peu aguerrie, quand même !). Le principe est simple : il suffit d'alterner des phases de course plus lentes avec d'autres plus rapides. Après un échauffement à votre vitesse « normale », vous alternez des petits moments rapides avec d'autres plus lents (environ 30 secondes chacun), puis vous terminez la séance par une phase de course plus lente pour récupérer. C'est beaucoup plus fatigant, mais il faut admettre que c'est très efficace, que ce soit pour le cardio ou pour l'effet amincissant…

Ma playlist pour me défouler

Quand on est en train de courir, il en faut du courage pour ne pas s'arrêter, vous ne trouvez pas ? C'est pourquoi j'ai toujours mes écouteurs dans les oreilles. En écoutant de la musique bien dynamique, je décuple mon énergie. Voici une petite sélection de morceaux qui devraient vous aider à vous dépasser :

– *Mr Probz* de Waves

– *Dangerous* de David Guetta

– *What a feeling* d'Irene Cara (c'est la chanson de *Flashdance*, j'adore !)

– *Work B**ch!* de Britney Spears

– *Chandelier* de Sia

– *The eye of the tiger* de Survivor

– *Man down* de Rihanna

– *J'ai cherché* d'Amir

– *Clown* de Soprano

– *Shape of you* d'Ed Sheeran

– *Sapés comme jamais* de Maître Gims

– *Time of my life* de Bill Medley, Jennifer Warnes (*Dirty Dancing* !)

Les cours en salle

Abdos-fessiers, stretching, yoga, muscu, step, Pilates, RPM… il existe tellement de sortes de cours de sport que vous trouverez forcément celui ou ceux qui vous plairont. Même si certains préférèrent s'y mettre dès le matin ou pendant la pause déjeuner, je prends plutôt un cours le soir, car de toute façon c'est le seul moment où j'ai du temps, après une journée de tournage. Et puis je trouve que c'est l'idéal pour me détendre et bien dormir ensuite. J'ai parfois entendu dire que cela pouvait énerver : pour moi, c'est le contraire !

Je m'astreins à suivre deux ou trois cours par semaine. Évidemment, le mieux est de se rendre dans une salle de sport près de chez soi ou de son travail pour assister aux cours en direct devant le prof. Ainsi, le coach pourra corriger vos mouvements, vous donner des conseils et vous encourager à repousser vos limites. Pour les sports aquatiques (l'aquafitness, l'aquabike et l'aquagym), je n'hésite pas à faire quelques kilomètres pour me rendre dans un club (Aquabecool). Je me suis également abonnée à un site qui propose des cours en ligne, *coachclub.com*. En fonction de vos objectifs (perte de poids, raffermissement, etc.), il vous propose un programme sportif et un planning adaptés.

C'est certain, il faut avoir un bon mental pour ne pas abandonner un exercice qui tire un peu sur les muscles. Même si le coach vous encourage sur la vidéo, il ne voit pas si vous vous entraînez ou si vous dégustez un thé en grignotant des petits gâteaux… C'est pourquoi, lorsque je suis en déplacement, je me renseigne toujours pour savoir s'il y a une salle de sport à proximité. Comme cela, je profite de ces moments pour me faire « recadrer » par un pro. Et il m'est arrivé, alors que je suis tout de même très sportive, de ne pas tenir le rythme à côté de personnes qui suivaient les cours toujours en direct. Comme quoi, il faut vraiment se bouger pour rester au niveau quand on fait du sport à la maison !

Ma playlist pour ne rien lâcher

Si, comme moi, vous suivez des cours sur Internet, vous connaissez ce moment où vous avez envie de faire un peu moins d'effort et de laisser le prof transpirer tout seul… Pour éviter de le regarder faire en somnolant sur mon tapis, j'ai ma playlist spéciale motivation. Essayez-la, vous verrez, c'est super-efficace !

– *Can't hold us* de Macklemore et Ryan Lewis

– *Fame* d'Irene Cara

– *Don't stop me now* de Queen

– *Bad* de David Guetta

– *Something in the way you move* d'Ellie Goulding

– *At night, alone* de Mike Posner

– *Cheap thrills* de Sia

– *Rockabye* de Clean Bandit feat. Sean Paul et Anne-Marie

– *Girls just want to have fun* de Cyndi Lauper

– *Single Ladies* de Beyoncé

– *Waka waka* de Shakira

S'ÉTIRER APRÈS LE SPORT, C'EST INDISPENSABLE

Quel que soit le sport que vous pratiquez, il faut absolument vous étirer une petite dizaine de minutes à la fin de chaque séance. Cela permet de limiter les douleurs musculaires. Et si vous craignez de ne pas avoir le temps de le faire, réduisez la longueur de la séance de sport ! Voici quelques exercices à effectuer, en gardant la pose une vingtaine de secondes chaque fois, à faire à gauche et à droite alternativement.

Pour les ischio-jambiers et les dorsaux : tenez-vous debout, jambes parallèles. Puis enroulez progressivement le dos vers l'avant, tête relâchée. Descendez le plus bas possible. Si vous le pouvez, posez les mains au sol. Vous pouvez plier légèrement les jambes si c'est douloureux. Pensez à garder le poids du corps vers l'avant !

Pour les triceps : debout, jambes parallèles, levez un bras puis, doucement, descendez votre main derrière la nuque, le long de votre dos. Avec l'autre main, attrapez le coude qui est en l'air, et tirez-le lentement vers la tête. Gardez l'étirement une dizaine de secondes, puis recommencez de l'autre côté. Attention, tirez progressivement, sans forcer.

Pour les muscles lombaires-quadriceps-psoas (les fléchisseurs de la hanche) : au sol, placez-vous en fente. Les mains sont en appui sur le genou. La jambe avant est fléchie, le pied est posé bien à plat. La jambe arrière est tendue et repose sur la pointe du pied. Poussez ensuite les hanches vers l'avant. En appuyant au maximum la jambe arrière vers le sol. Attention de garder le dos bien droit !

Pour les mollets : debout, les mains à hauteur des épaules en appui contre un mur, tendez une jambe vers l'arrière (environ 1 mètre). Puis rentrez le bassin vers l'intérieur, sans décoller le talon. Attention, il faut avoir l'impression d'enfoncer le sol avec le talon de la jambe tendue.

Pour les quadriceps : debout, le buste bien droit, attrapez dans votre main le coup de pied correspondant à la cuisse à étirer. Basculez le bassin de façon à arrondir le bas du dos. Attention, plus vous fléchissez le genou, plus vous vous étirez.

Danse avec les stars, ***mon expérience sportive de l'extrême***

J'ai toujours été très fan de Danse avec les stars, *et ce depuis les débuts de l'émission. Chaque semaine, j'étais scotchée devant ma télévision. Aussi, lorsque Emmanuelle Lenvec m'a téléphoné pour me proposer de participer à la saison suivante, j'ai d'abord cru à une blague… C'était trop beau pour être vrai !*

Au fur et à mesure de l'avancée de la compétition, j'ai senti mon corps s'affûter, s'assouplir, répondre de mieux en mieux aux sollicitations. Cette expérience m'a permis de repousser mes limites, tant physiques que mentales. Mon partenaire, Christophe Licata, a été incroyable. En plus de m'avoir tout appris – je ne connaissais pas les danses, que ce soit le quickstep ou le tango –, il m'a aidée à me dépasser. Car ces trois mois ont été très éprouvants. Danser près de huit heures par jour n'est pas sans conséquence sur le corps. Mais on oublie tout au moment où la musique commence. Le jury et le public disparaissent. Le stress de la chute et de l'erreur s'envole. On danse, c'est tout. On danse pour soi, pour l'univers entier, on donne tout. C'est magique…

Je prends soin de moi... *à* l'extérieur

Prenez soin de votre corps, vous le valez bien. Massage, automassage, soins du visage… cela n'a l'air de rien, mais ces petits moments dynamisent la peau et le moral en prime. Personnellement, je prends grand soin de moi. Même si au quotidien, ce n'est pas facile de trouver le temps nécessaire, j'essaie de m'accorder quelques instants de pause « chouchoutage » chaque jour. La vie quotidienne, le sport et le travail soumettent notre corps à rude épreuve. Ce n'est que justice de lui offrir quelques moments rien que pour lui. Évidemment, c'est important pour la fermeté, l'élasticité et l'aspect de la peau, mais surtout pour notre bien-être !

Mon leitmotiv : nettoyer et hy-dra-ter !

Les choses simples sont souvent les meilleures. Ma grand-mère me disait souvent que rien ne valait une bonne crème Nivea. Elle s'en appliquait tous les jours, matin et soir, et elle avait un teint sublime et quasiment pas de rides ! Aujourd'hui, en plus d'adorer l'odeur de cette crème de mon enfance, je suis ses conseils et m'hydrate énormément pour conserver le velouté de la peau, que ce soit sur le visage ou le corps.

Une bonne routine de beauté sera, selon moi, basée sur la simplicité. Le matin, commencez par utiliser une lotion nettoyante, puis appliquez une crème hydratante. Et le soir, que vous ayez porté du maquillage ou non dans la journée, passez une lotion démaquillante sur tout le visage (sans oublier le cou !), puis terminez par une crème très hydratante.

Faire un masque du visage régulièrement, c'est bien aussi ! J'en applique un chaque semaine. Détox, hydratant, purifiant : je varie les plaisirs. Et à chaque changement de saison, je m'offre un soin du visage en institut. C'est important de nettoyer la peau en profondeur de temps à autre.

N'oubliez pas d'hydrater votre corps, il y a droit lui aussi ! Peu importe que la crème que vous utilisez soit raffermissante, anticellulite, ou que sais-je encore. Ce qui compte, c'est qu'elle hydrate ! Après la douche, après le sport, je n'y déroge jamais. En plus, lorsque l'on applique sa crème, rien n'empêche de faire un petit palper-rouler pour déloger les capitons qui auraient eu l'audace de s'installer…

Cheese !

Vous êtes-vous déjà rendu compte de l'importance du sourire de votre interlocuteur ? On n'en a pas toujours conscience, mais la première impression est celle qui compte. Et cette première impression passe par le sourire. On dit énormément de choses avec un simple sourire. Alors, ne le laissez pas vous trahir ! Je fais très attention à mon hygiène bucco-dentaire : brossage de dents trois fois par jour obligatoire et détartrage deux fois par an. J'ai toujours une brosse à dents et du dentifrice dans mon sac. Ainsi, si je suis sur un tournage, je peux me brosser les dents le midi. Comme je ne fume pas et que je limite le thé et le café, cela suffit pour avoir un beau sourire.

38

Mes soins fétiches

Dans mon sac, j'ai toujours mon baume à lèvres, et si je devais partir sur une île déserte, j'emporterais une crème hydratante. Mais dans la vie quotidienne, voici mes produits de beauté préférés !

Pour nettoyer la peau

J'adore le gel moussant de Vichy ou Créaline de Bioderma. Je le remplace 2 fois par semaine par un lavage avec la poudre gommante de Galénic. L'eau démaquillante micellaire Aciana botanica de Sanoflore est parfaite également. La lotion florale de rose de Sanoflore, à utiliser avant la crème, est hyper-agréable aussi.

Les crèmes hydratantes

Des valeurs sûres : la Crème douce à la camomille et la Crème des légendes de Kos. La crème Aqua Infini de Galénic est à recommander aussi. N'oubliez pas d'en changer de temps en temps pour que la peau ne s'habitue pas trop.

Les soins du visage

Si vous y pensez, faites un masque une fois par semaine. Le masque purifiant Effaclar séborrhée régulateur de La Roche Posay est de très bonne qualité. Et pour hydrater les lèvres, le baume Bioderman n'a pas son pareil !

Les soins du corps

Faites un gommage par semaine ! Le gommage Splendide d'Annick Goutal est excellent. Ensuite, appliquez un lait hydratant. Le lait anti-relâchement d'Esthederm convient très bien. La Crème absolue minceur-fermeté aussi. Sinon, j'aime beaucoup la crème pour le buste de Melvita.

Des cheveux bien nourris

Que vous soyez crinière de lion ou petits cheveux fins de bébé, votre chevelure mérite toute votre attention. Essayez de limiter les shampoings, qui fragilisent les cheveux. Lorsque je tournais *Quand je serai grande, je te tuerai*, Gérald, mon coiffeur, m'a donné ce conseil que je mets en application depuis : ne pas frotter trop fort le cuir chevelu lorsque l'on fait un shampoing. Sinon, vous risquez d'agresser le bulbe, qui aura tendance à graisser trop vite ensuite, et après, c'est l'engrenage : racines grasses et pointes sèches ! Il suffit largement de faire mousser le produit tout en douceur.

Si vos cheveux sont fragiles, pensez à leur redonner du peps avec un masque nourrissant. Les miens sont souvent abîmés par les brushings et les couleurs à répétition. Sur le tournage de *La femme aux cheveux rouges*, mes cheveux ont beaucoup souffert… Le coiffeur m'avait fait une couleur rouge presque vif. Depuis, sur les conseils de ma coiffeuse Charlie, environ une fois par semaine, j'applique un masque après le shampoing. Et si vous voulez éviter de passer la nuit avec (et au choix, trouver votre oreiller tout gras au réveil ou dormir avec une magnifique charlotte sur la tête), il suffit, une fois le masque posé, d'envelopper vos cheveux dans une serviette chaude. La chaleur dégagée ouvrira les écailles de vos cheveux, accélérant ainsi la pénétration du produit ; les conseils de Charlie sont vraiment épatants. En dix minutes, vous aurez un résultat impeccable !

Halte au maquillage à la truelle !

Un maquillage léger avantage les traits bien plus qu'un « tartinage » qui fige les expressions du visage. J'ai toujours admiré Romy Schneider, dont la beauté et la féminité crevaient l'écran. Sa grâce, son élégance étaient naturelles. Elle n'avait pas – ou si peu ! – besoin d'artifice pour irradier. J'essaie d'appliquer cette règle au maquillage, car il ne me paraît pas nécessaire d'en faire trop pour être mise en valeur.

Dans la vie quotidienne, je laisse ma peau respirer au maximum et je me maquille très peu. Si je sors, je vais mettre une poudre libre, un peu de mascara, éventuellement un trait de crayon sur les yeux ou un fard à paupières léger, c'est tout. Par contre, lorsque je suis en tournage, je suis obligée de porter un maquillage bien plus soutenu, y compris du fond de teint. Comme j'ai vraiment horreur de l'effet « étalé à la truelle », je demande toujours aux maquilleurs de faire quelque chose de léger, le plus transparent possible. Et le soir, j'insiste particulièrement sur le démaquillage. C'est essentiel de débarrasser sa peau du maquillage et des impuretés qui ont pu se déposer dans la journée. Ainsi, la nuit, ma peau respire !

Au fil des tournages, les maquilleurs m'ont transmis des petites astuces que je mets parfois en pratique à la maison. Par exemple, quand on a comme moi de grands yeux, assez ronds, il faut éviter de faire ce qu'ils appellent la « banane » au-dessus des yeux. L'effet produit rappellerait Calimero ! Au contraire, il faut étirer le regard au maximum en appliquant un fard foncé sur le bord extérieur de la paupière, un fard plus clair au centre et un beige naturel au-dessus de la paupière mobile. C'est l'œil de biche assuré !

Dans ma trousse à maquillage

Avec mon métier, je découvre souvent des gammes de maquillage et de produits de beauté. Je privilégie les marques non testées sur les animaux, vegan, bio, etc. Cherchez autour de vous, vous verrez, de plus en plus de marques proposent des produits de bonne qualité. Cela vaut la peine de prêter attention à ce que l'on met sur sa peau. Et les animaux vous remercieront ! Car si la législation européenne a interdit les tests sur les animaux depuis 2013, rien ne peut garantir que des produits fabriqués en dehors de l'Europe puis importés n'ont pas été testés sur des animaux, ceci en toute légalité. En attendant de vous faire votre propre opinion, vous pouvez découvrir mes marques fétiches pour une mise en beauté rapide :

• **Couleur Caramel :** les produits sont bio, vegan et non testés sur les animaux. On les trouve sur Internet mais aussi dans des magasins bio, chez des coiffeurs ou des esthéticiennes. J'adore les palettes de fards à paupières. Cette marque propose aussi des crayons qui s'utilisent à la fois pour les yeux et les lèvres. Pratique ! Ses mascaras sont super, et en plus ils sont rechargeables : on limite les déchets ! Renseignez-vous sur le site *www.couleur-caramel.com*

• **Lavera :** cette marque allemande existe depuis très longtemps. Bio, non testée sur les animaux et vegan, elle propose une large gamme de maquillages mais aussi de soins de grande qualité. Ses produits sont essentiellement à base de beurre de fleur bio (si, si, c'est possible !). C'est très nourrissant pour la peau. Et en plus cela sent bon ! Mention spéciale à la large palette de couleurs de rouge à lèvres. Il y en a pour tous les goûts. Allez jeter un œil sur *www.lavera.fr*

• **Avril :** c'est LA marque française pas chère ! Bio et non testée sur les animaux, Avril ne fait pas de pub et limite ses emballages, d'où les prix imbattables. Sa gamme de produits est très large. Elle possède des couleurs de vernis à ongles super-originales et propose beaucoup de soins pour le corps et le visage. Zou, cliquez sur *www.avril-beauté.fr*

Je prends soin de moi… à l'intérieur

Prendre soin de soi, se bichonner, ce n'est pas seulement faire du sport et mettre de la crème… C'est aussi faire attention à son corps de l'intérieur ! Pas d'inquiétude, je ne vais pas vous encourager à vous nourrir exclusivement de haricots verts et de brocolis. Car j'aime la vie ! Et comme je suis très gourmande, que j'adore recevoir et cuisiner pour mes amis, je n'envisage pas de passer mon temps à m'affamer.

Je ne suis pas une adepte des régimes… Comme tout le monde, je m'y suis essayée, mais sans grand succès. Et à y bien réfléchir, la plupart des personnes avec qui j'en ai discuté ont tiré la même conclusion que moi : au bout de deux semaines, on en a assez et on laisse tomber. Mieux vaut donc se faire plaisir régulièrement, sans trop d'excès bien sûr, plutôt que de se priver. Car si on se prive, on va avoir trois fois plus envie de manger ensuite. Bref, comme en toutes choses, je pense que la mesure est la meilleure des solutions sur le long terme.

Cuisiner sans se priver

Nous sommes faits de ce que nous mangeons. Il est donc naturel de faire attention à ce que l'on met dans son assiette, non ? Sans trop exagérer non plus, car il faut garder le plaisir de la gastronomie. Une bonne tartiflette n'a jamais tué personne. Manger un bonbon bourré de colorants une fois de temps en temps non plus… L'important est d'équilibrer votre alimentation sur le long terme. C'est pour cela que lorsque je mange à l'extérieur, je ne me prive pas sous prétexte que je ne sais pas d'où proviennent les ingrédients.

Par contre, à la maison, il serait dommage de ne pas veiller au contenu de votre assiette. Privilégiez les fruits et légumes frais, de saison, produits dans votre région, bio de préférence. Pour votre bien-être, limitez au minimum les plats préparés et les aliments transformés ou en boîte. Je sais, c'est plus facile à dire qu'à faire… C'est en tout cas une règle que j'essaie d'appliquer au quotidien. Évidemment, il m'arrive de craquer et de décongeler une pizza, mais je n'en fais pas une habitude.

Par goût personnel, j'aime mieux le poisson et les fruits de mer que la viande. J'ai donc davantage tendance à préparer une daurade grillée qu'une côte de bœuf ! Mais si je sais que mes invités préfèrent la viande, je leur prépare un plat qui leur plaît. Je fais simplement attention à la provenance des ingrédients que j'achète.

Comme j'adore cuisiner et recevoir, ce n'est pas vraiment un effort de prendre le temps de bien manger. J'aime chercher de nouvelles recettes sur Internet ou dans les magazines de cuisine : entrées originales, desserts gourmands… Je suis particulièrement gourmande de mélanges sucré-salé : tajines à l'abricot et aux amandes, couscous avec des petits raisins secs, salades composées crevettes et pamplemousse. C'est mon régal ! Voici d'ailleurs quelques recettes légères à tester chez vous. Vous verrez, c'est à tomber de bonheur… et en plus elles sont faciles à réaliser.

Mangez des fruits frais !

Les fruits, on le sait, sont excellents pour la santé, gorgés de vitamines, de minéraux et de fibres. Ils sont aussi antioxydants et vecteurs d'énergie. Bref, ils devraient être un élément essentiel de votre alimentation (plus que le Nutella !). En plus, les fruits, c'est délicieux, alors pourquoi s'en priver ?

À la maison, j'ai une centrifugeuse qui me permet de faire des jus de légumes et de fruits frais : j'adore le mélange concombre-courgette, carotte-orange ou encore pomme-céleri. Faites l'essai, le résultat est délicieux et idéal pour la détox.

J'ai une astuce pour augmenter leur effet bénéfique sur le corps : je les prends au petit déjeuner ou entre une heure et une demi-heure avant les repas. Cela facilite la digestion et permet au corps de mieux assimiler leurs vitamines. Et puis cela permet d'arriver à table avec un peu moins d'appétit. Que du bénéfice, je vous dis !

Ma SALADE D'ENDIVES AUX NOIX

6 PERS

6 endives | 1 échalote | 2 pommes vertes | 2 branches de persil | 2 c.à.c. de ciboulette | Une dizaine de noix | 1 c.à.s. de jus de citron | 3 c.à.s. d'huile de noisette | 1 c.à.s. d'huile d'olive | 2 c.à.s de vinaigre de framboise ou de vinaigre balsamique | Sel, poivre

Lavez et coupez en petits morceaux les endives, l'échalote et les pommes vertes. Mélangez-les dans un saladier. Ajoutez les branches de persil haché, la ciboulette hachée et les noix.

Pour la vinaigrette : mélangez le jus de citron, l'huile de noisette, l'huile d'olive et le vinaigre de framboise (ou le vinaigre balsamique). Salez et poivrez.

Ma DORADE EN CROÛTE DE SEL AVEC DES ENDIVES BRAISÉES

6 PERS

1 dorade d'environ 1,2 kg | 12 endives | Du thym | Du laurier | Du fenouil | 1 kg de gros sel marin | 2 c.à.s. d'huile d'olive | 2 c.à.s. de fond de veau | Sel, poivre

Pour la dorade : videz (ou faites-le faire chez le poissonnier) la dorade. Garnissez-la de thym, de laurier et de fenouil. Préchauffez le four à 210 °C (th. 7). Dans un plat allant au four, étalez environ 1 cm de gros sel marin. Placez la dorade sur ce lit de sel. Recouvrez-la entièrement avec le reste du paquet de gros sel. Faites cuire 20 minutes.

Pour les endives : lavez et coupez les endives dans le sens de la longueur. Dans une sauteuse, faites-les revenir à feu moyen avec l'huile d'olive. Retournez-les toutes les 5 minutes. Au début, le côté plat des endives doit être au fond. Une fois que les endives sont tendres, ajoutez 25 cl d'eau et le fond de veau. Salez et poivrez (pas trop de sel, le fond de veau en contient beaucoup). Laissez mijoter environ 45 minutes à feu doux, en remuant et en ajoutant de l'eau si nécessaire pour que cela n'accroche pas.

Ma MOUSSE DE MANGUE

6 PERS

3 mangues | Le jus d'1 citron | 3 feuilles de gélatine | 6 œufs | Du sucre

Plongez les feuilles de gélatine dans de l'eau froide. Broyez la pulpe des mangues avec le jus de citron et un peu de sucre (goûtez pour décider de la quantité ; normalement la mangue est bien sucrée, nul besoin d'en mettre beaucoup).

Dans une casserole, faites chauffer (pas trop !) la préparation avec la gélatine. Remuez pour la dissoudre. Laissez refroidir, et pendant ce temps-là, montez les blancs d'œufs en neige ferme. Mélangez délicatement les blancs et les mangues.

Servez dans des verrines, et réservez au frais 3 heures au minimum.

« Vous allez vous régaler ! »

S'HY-DRA-TER !

Nous sommes composés de 60 % d'eau… autant dire que bien vous hydrater est indispensable au bon fonctionnement de votre corps. Pourtant, ce n'est pas facile pour tout le monde de boire suffisamment dans la journée. Moi, par exemple, je suis un véritable chameau, je n'ai presque jamais soif. Alors pour me forcer à avaler mon litre et demi d'eau par jour, j'essaie de conserver une bouteille d'eau à portée de main. Cela m'aide à penser qu'il faut boire quelques gorgées régulièrement. Car si vous attendez d'avoir soif pour boire, c'est trop tard : la soif arrive une fois que l'on est déjà déshydraté…

Si l'eau ne vous inspire vraiment pas, vous pouvez vous rabattre sur les tisanes. Ainsi, lorsque j'écris, j'ai toujours une tasse à côté de moi. Tilleul, verveine, tout y passe pour me faire atteindre mon quota. Comme chaque thé et tisane s'infuse de manière différente, j'ai une super-machine qui calcule la température et le temps d'infusion idéals. J'adore !

Quand vous réussirez à boire un litre et demi par jour sur plusieurs semaines, vous sentirez la différence : teint frais, peau d'orange diminuée. Alors un conseil, faites comme moi, forcez sur l'hydratation !

Café, alcool & thé : à limiter !

Dites non au café, au thé et à l'alcool ! Enfin, dites souvent non, au moins. Se gorger de café et de thé n'est pas terrible pour les dents. Une surconsommation peut même créer des problèmes de digestion et de la tachycardie. Limitez la consommation, votre corps vous remerciera. Quant à l'alcool, essayez de ne pas trop vous laisser tenter non plus. En plus de tous les dangers bien connus, sachez qu'il est plein de sucre, donc hypercalorique. Moi, par goût, je bois très peu de café ou de thé (je préfère les tisanes). Quant à l'alcool, je ne dis pas non à un verre de vin de temps à autre, lorsque je reçois ou que je sors – ma maison est entourée par les vignes, ce serait dommage de s'en priver totalement ! – mais je privilégie le vin bio.

Jouer sur la détox

Après les fêtes de fin d'année, aux changements de saison, le système digestif finit par dysfonctionner ! Eh oui, comme le moteur d'une voiture, votre organisme s'encrasse à force de tourner à plein régime. Il accumule des déchets – les toxines – qui, à la longue, engendrent de la fatigue, un teint terne, des cheveux et des ongles mous, voire même le moral dans les chaussettes ! Alors environ deux fois par an, au passage à l'automne et au printemps, je fais ce qu'on appelle une « monodiète » pendant trois jours. Attention, cette détox ne sert pas à maigrir, mais à nettoyer le système digestif et éliminer les toxines engrangées par notre alimentation quotidienne. Et avant de vous y mettre, demandez à votre médecin si cette pratique peut vous convenir, c'est plus sûr.

Je ne vais pas vous mentir, ce n'est pas un moment facile, il faut faire preuve d'un peu de volonté ! On ressent parfois des symptômes de sevrage, comme des maux de tête ou des courbatures, des petits boutons ont tendance à apparaître. C'est en partie pour cela qu'il faut choisir un moment de calme pour suivre cette monodiète. Si vous devez travailler quinze heures par jour ou faire du sport de manière intensive, ce n'est pas le moment de se lancer ! En tout cas, à la fin de la cure, au bout du troisième jour, tout rentre dans l'ordre, on se sent en pleine forme, reposé et léger, avec en prime le teint frais et le ventre plat.

Carotte, pomme, raisin, l'important est de faire un choix. Pour ma part, j'apprécie de suivre cette cure avec de la pomme, car je trouve que l'on peut varier la manière de la cuisiner. Au four, en compote, crue, en jus, elle donne l'impression de manger des aliments différents. Mais parfois, lorsque je ne me sens pas capable de jouer vraiment le jeu de la monodiète, je me contente de ne manger que des fruits et des légumes pendant trois jours.

« Un teint frais change un visage. »

Mon astuce teint de rose

Vous avez remarqué combien avoir le teint frais change du tout au tout un visage ? Si vous voulez dire adieu à la peau grisâtre et terne, j'ai l'astuce qu'il vous faut. À jeun, buvez le jus d'un citron dilué dans un verre d'eau tiède (si l'eau est trop chaude, elle élimine les vitamines). C'est le meilleur « truc » que je connaisse pour avoir un teint de pêche… et avoir la pêche grâce à la vitamine C contenue dans le citron !

Chapitre 3

Bien dans ma tête

L'espoir, c'est comme le rire,
c'est contagieux !

La vie, c'est parfois le bazar, mais il faut s'en accommoder ! Réussir à se sentir bien dans sa tête malgré les aléas, les ratés ou les soucis, c'est super-important – même si franchement je me passerais bien des mauvais moments, pas vous ? Mais comme on ne peut pas les éviter, j'aimerais que mes petits conseils puissent vous aider à prendre un peu de recul pour vous protéger et être bienveillant envers vous-même. Et profiter à fond de la vie !

J'ai malheureusement connu des moments très douloureux dans ma vie. De longues maladies et des décès de proches, ma propre maladie – l'endométriose – et des difficultés à avoir un enfant… la vie ne m'a pas toujours fait de cadeaux. Tous les proches que j'ai perdus me disaient que ma joie de vivre leur faisait du bien. Même Yannis, mon compagnon décédé à vingt-deux ans, que j'ai accompagné jusqu'à la fin, m'avait interdit de perdre le sourire. Ainsi, même lorsque c'était terriblement difficile, j'ai essayé de rester dans un état d'esprit positif.

Dans toutes les situations, il faut avoir de l'espoir, y croire. Car c'est en cherchant le bon côté des choses que le meilleur peut arriver. Et plus on y croit, plus la situation peut s'améliorer ! Et puis en étant dans un état d'esprit positif, on voit les portes s'ouvrir plus facilement. Car les autres vont le ressentir, eux aussi, et se sentiront « contaminés » par votre *positive attitude*. Et si elle agace certains, tant pis pour eux, continuez à les agacer !

Je cultive *ma* joie de vivre

Lorsque j'étais petite, quand je n'avais pas envie de rester toute seule ou qu'il n'y avait personne pour me garder, je rejoignais souvent ma mère – qui est infirmière – à l'hôpital dans lequel elle travaillait. J'ai donc été très souvent au contact de ses malades, avec qui j'aimais beaucoup discuter. J'étais pleine d'histoires. Mes récits sur ma vie d'enfant, sur l'école, la danse et les copains, leur apportaient une fraîcheur qui leur faisait du bien. Et de mon côté, je me sentais à l'aise, j'étais attachée à eux. Ma mère m'a très vite appris qu'il fallait avoir conscience qu'ils pouvaient partir du jour au lendemain, qu'il faudrait réussir à positiver, à ne pas se laisser abattre. J'ai bien intégré cette leçon. D'ailleurs, j'ai longtemps hésité à travailler dans le domaine de la santé ou du social. C'était cela ou la danse !

Ma joie de vivre, je la tiens de mon père depuis mon enfance. Il aime la vie, il en profite, et je trouve cette aptitude fabuleuse. Il m'a toujours dit : « Une journée sans rire, c'est une journée perdue ! » Lui rit au moins cinq minutes par jour, c'est certain ! Bien sûr, les circonstances sont parfois difficiles. Mais lorsque je ne me sens pas bien, je m'interdis de rester dans le *down*. On ne peut pas changer les choses, alors baisser les bras ne servira à rien. Autant se relever et continuer à sourire. Évidemment, comme tout le monde, j'ai des pensées négatives, mais je ne me laisse pas envahir par elles, voilà tout !

« Rire chaque jour ! »

Riez !

Souvenez-vous… Dans votre enfance, tout pouvait vous faire rire et vous émerveiller. Moi, je m'esclaffais cent fois par jour. Une chatouille, une grimace, un animal, un geste, et hop, les rires en cascade. Lorsque nous devenons adultes, nous perdons bien souvent cette capacité d'émerveillement, cette gaieté. C'est dommage, car une minute de rire est l'équivalent de trois quarts d'heure de relaxation. Un beau résultat, non ? Rire permet de dédramatiser une situation tendue, de créer des liens avec les autres. Et puis cela stimule la production d'endorphines, l'hormone du plaisir. Bref, ce serait dommage de ne pas piquer une bonne crise de rire par jour ! Si vous avez du mal à enclencher la machine, regardez un épisode de série comique, un bon film, appelez une copine amusante, sortez un livre ou une BD humoristique… Vous verrez, le rire entraîne le rire.

Focalisez-vous sur le positif

Le monde est rempli de ronchons, de râleurs, de gens qui critiquent tout et tout le monde. Ne laissez pas ces remarques négatives vous ruiner le moral. Essayez plutôt de voir le positif dans toutes les situations. D'accord, ce n'est pas toujours facile… Mais avec un peu de bonne volonté, on peut toujours trouver quelque avantage à tirer d'un événement, même négatif. Par exemple, j'essaie de ne pas tenir compte des remarques purement désagréables – notamment sur les réseaux sociaux – mais plutôt de me concentrer sur les commentaires positifs du public, qui est si chaleureux, et les remarques constructives, qui permettent de m'améliorer.

Ma mère, mon modèle de **positive attitude**

Ma mère est une femme incroyable. Elle ne voit le mal nulle part. Elle va toujours trouver le petit élément positif dans une situation ou dans l'attitude de quelqu'un, même s'il est admis par tous que c'est vraiment une personne affreuse. J'admire cette capacité à trouver le bien même quand il est caché. Je travaille à m'améliorer dans ce domaine !

L'une des caractéristiques des personnes positives est qu'elles « consomment » plus de positif que de négatif dans la journée, un peu comme de la nourriture. Si vous passez la journée avec un râleur ou que vous entendez des horreurs à la radio à longueur de temps, comment vous sentez-vous ? Mieux ou moins bien qu'après avoir joué avec votre chien et ri en regardant un bon film ? Eh oui, forcément, vu sous cet angle, cela saute aux yeux… Donc augmentez votre dose de positif et ne vous laissez pas polluer par le négatif ! C'est d'ailleurs un super-exercice à faire : quand vous détestez quelqu'un ou quelque chose, essayez de lui trouver un aspect positif (allez, un petit effort, c'est faisable !). À force, cela devient une habitude, et la vie paraît plus belle…

Essayez de ne pas trop vous appesantir sur vos problèmes. Personnellement, je n'aime pas beaucoup parler des miens – sauf des petits soucis du quotidien, du chauffage en panne ou du temps pourri que j'ai eu en vacances ! Mes vrais problèmes, je les garde en général pour moi. J'en touche quelques mots à mes proches et j'essaie de passer à un autre sujet plus joyeux. M'apitoyer sur mon sort, je n'aime pas cela, et puis j'estime que se lamenter ne sert à rien. Par contre, je fais l'effort de partager avec le public les soucis importants que je rencontre lorsque je considère que ma parole peut apporter de l'aide. Qu'il s'agisse d'informations utiles (sur l'endométriose, par exemple) ou d'un réconfort moral, afin que les autres puissent se sentir moins seuls avec leur douleur (lors du décès d'un proche, par exemple).

Dé-dra-ma-ti-sez !

Les petites disputes du quotidien avec les parents ou les amis peuvent plomber le moral. Elles font parfois mal. Comme j'ai, hum… un caractère bien trempé (!) et mes parents aussi, une friction peut très vite faire des étincelles. Si, sur le coup, il est difficile de ne pas se laisser emporter par ses sentiments – surtout si vous avez comme moi ce doux caractère que j'ai déjà évoqué –, par la suite ne vous laissez pas gâcher la vie pour des broutilles.

Si toute existence peut partir en vrille du jour au lendemain, alors se chicaner pour des détails est vraiment trop bête. Donc, ravalez votre fierté mal placée, et faites le premier pas. C'est une preuve d'intelligence ! Par exemple, lorsque je me dispute avec mon mari, c'est souvent moi qui reviens vers lui. Il est trop fier pour cela… Mais moi, je me dis que cela ne vaut vraiment pas le coup. Et j'ai sûrement raison. D'ailleurs, cette capacité à m'excuser, je la tiens de l'éducation que m'ont donnée mes parents, qui m'ont appris très tôt à toujours demander pardon lorsque j'avais tort.

Mes techniques pour se réconcilier en douceur

- Admettre vos torts (si, si, on peut le faire !).
- Accepter que l'autre ne partage pas votre point de vue.
- Ne pas essayer de sortir « gagnant » de la dispute (bouh, voilà une attitude puérile !).
- Tirer des leçons de la dispute… pour éviter d'en avoir d'autres (on peut toujours rêver…).

Protégez-vous

Nous vivons dans une société où la surinformation peut être hyper-angoissante. Il y a tellement d'horreurs, tellement de faits que l'on voudrait changer, tellement de causes qu'il faudrait défendre, et pourtant, il est humainement impossible de tout faire… Si vous ne vous protégez pas un minimum, vous risquez de tomber très vite en dépression, surtout si, comme moi, vous êtes sensible. J'ai du mal à comprendre que l'on puisse ne pas se sentir touché ou blessé en entendant des histoires terribles à la télévision ou sur les réseaux sociaux.

Faites donc attention de ne pas vous laisser abattre. Les journaux, les infos, les réseaux sociaux sont truffés d'histoires traumatisantes. Ne les laissez pas faire trop souvent intrusion dans votre quotidien. Voir ces images terribles en boucle, malheureusement, ne sert à rien…

La lecture, la musique, le cinéma sont de bons moyens pour s'échapper et se faire du bien, sans se voiler la face.

« Des petits plaisirs simples ! »

AMY WINEHOUSE

Les livres qui m'ont fait voir la vie en rose

L'écriture tient une place importante dans ma vie. Et la lecture aussi, forcément. Ces livres m'ont fait un bien fou, alors je les partage avec vous !

– *Complètement cramé !* de Gilles Legardinier

– *Mange, prie, aime* d'Elizabeth Gilbert

– *Le mec de la tombe d'à côté* de Katarina Mazetti

– *Rosa Candida* d'Auður Ava Ólafsdóttir

– *Ta deuxième vie commence quand tu comprends que tu n'en as qu'une* de Raphaëlle Giordano

– *Le Petit Prince* d'Antoine de Saint-Exupéry

– *Ensemble, c'est tout* d'Anna Gavalda

– *Le magasin des suicides* de Jean Teulé

– *Et si c'était vrai* de Marc Lévy

– *L'appartement* de Guillaume Musso

Ma petite liste de films qui font du bien

Mon petit plaisir tout simple, c'est de m'offrir un film ou une série avec une tasse de verveine, allongée sur le canapé ou bien au chaud sous la couette, avec mon homme. En cas de petit coup de blues, rien de tel pour retrouver le moral ! Enfin, évitez de regarder quinze épisodes de la série le même soir, le lendemain risque d'être un peu difficile (je parle d'expérience !).

Les films :

– *Intouchables*

– *Le huitième jour*

– *Pour un garçon*

– *Le journal de Bridget Jones*

– *Coup de foudre à Notting Hill*

– *L'arnacœur*

– *Les Tuches*

– *Little Miss Sunshine*

– *Bienvenue chez les Ch'tis*

– *Le dîner de cons*

– *Le fabuleux destin d'Amélie Poulain*

– *Pretty woman*

Les séries :

– *Weeds*

– *Friends*

– *How I met your mother*

– *Brooklyn nine nine*

– *Girls*

– *Orange is the new black*

– *The big bang theory*

– *Desperate housewives*

– *Jane the virgin*

– *Fargo*

– *Better call Saul*

– *Grey's anatomy*

Ressourcez-vous avec les animaux et la nature

Les animaux donnent du baume au cœur. Que vous soyez triste ou pas, ils sont toujours contents de vous retrouver. Ils aiment jouer, se faire caresser, courir ! Avec eux, on n'a pas le choix, on sourit. Quand je rentre chez moi, mon premier réflexe est de passer du temps avec mes chiens. Jouer avec eux, aller courir avec eux, faire des câlins, etc. Les animaux, c'est une thérapie géniale. Ils ne se prennent pas la tête, ils ne sont pas déprimés par les infos, ils ont juste besoin de jeu et de douceur !

La cause animale, mon engagement de cœur

Je suis marraine du CDA, le Centre de défense des animaux de Cabriès, dans les Bouches-du-Rhône. La protection des animaux me tient profondément à cœur ; le travail que fait cette association pour les recueillir, les soigner et les protéger est formidable. Je suis très heureuse de pouvoir apporter un peu d'aide et de temps pour faire connaître le CDA. C'est un travail de proximité qui m'importe vraiment.

Même si vous n'avez pas d'animaux, vous pouvez vous ressourcer dans la nature. Se promener en forêt, sentir la terre sous ses pieds, respirer l'air pur, écouter le vent dans les feuilles, le chant des oiseaux, etc. C'est très vivifiant, cela permet de se recentrer. Les petits tracas du quotidien paraissent alors bien futiles.

Être bien dans sa tête, *c'est* du travail !

J'ai été élevée de manière rigoureuse par ma mère infirmière et mon père militaire. Il y avait des horaires, des règles à respecter. Cette éducation assez stricte, je lui dois beaucoup. Mes parents m'ont transmis des valeurs importantes, de respect et de travail. Je garde aujourd'hui cette volonté, que j'applique aussi dans ma vie personnelle. Car le bonheur ne tombe pas tout cuit dans l'assiette, il faut y travailler pour l'obtenir… et le garder !

Ma playlist happy

Quand j'ai un coup de mou – ou que j'ai envie au contraire de laisser éclater ma joie –, je me mets ma playlist *happy*. L'effet est instantané !

– *Le lundi au soleil* de Claude François

– *Happy* de Pharrell Williams

– *I will survive* de Gloria Gaynor

– *I'm sexy and I know it* de LMFAO

– *Happy ending* de Mika

– *The Best* de Tina Turner

– *Dancing queen* de ABBA

– *Get lucky* de Daft Punk

– *Walk on the wild side* de Lou Reed

– *The Lazy song* de Bruno Mars

Entourez-vous d'êtres bienveillants

J'ai la chance d'avoir un mari très bienveillant, qui m'encourage énormément ; je suis persuadée que sa présence joue un grand rôle dans la confiance que je peux avoir en moi et dans mon parcours, sur le plan personnel ou professionnel.

Être entouré de personnes qui vous encouragent et qui croient en vous, c'est fondamental. Ne vous laissez pas polluer par des gens qui vous dévalorisent, votre confiance en vous en prendrait un méchant coup. Alors faites le ménage autour de vous, si nécessaire.

Comment identifier les personnes qui vous polluent le moral ?

Pas toujours facile de prendre conscience d'une relation toxique installée depuis trop longtemps… Pour réussir à identifier celui ou celle avec qui il faut prendre de la distance, posez-vous quelques questions sur ce que vous ressentez avant, pendant et après les instants passés avec lui ou elle. Si les émotions sont majoritairement négatives, il n'y a pas de doute, c'est un pollueur. Et dans ce cas-là, pas de quartier, on fait le ménage. La vie est trop belle pour se la laisser gâcher !

Faites des projets

Depuis que je suis toute petite, j'ai eu l'habitude de me fixer des buts. Lorsque j'étais en sport-études, j'avais des concours tous les ans pour passer en niveau supérieur. Concours de danse, de chant, solfège, de piano… ces échéances rythmaient ma vie et me poussaient à donner le meilleur de moi-même. J'aime avoir des objectifs, encore aujourd'hui. Ils m'aident à me projeter.

La vie peut s'écouler au jour le jour sans qu'il se passe rien de particulier. Rester bloqué dans le présent, stagner dans un quotidien raplapla, c'est franchement tristounet et ce n'est pas le meilleur moyen de vous rendre *happy*. C'est pour cette raison qu'il faut absolument faire des projets. Ils vous pousseront dans la vie, dans l'avenir.

Imaginer votre futur, c'est indispensable pour être bien dans votre tête et avancer. Élaborez des projets professionnels, bien sûr, mais pas seulement. Des projets pour dans un mois, pour dans six mois, pour dans deux ans. Des projets de voyage, de déco, de maison. Des projets personnels, en couple, en famille, entre amis. Peu importe, il en faut, et beaucoup. Et surtout, il faut qu'ils se concrétisent. Pour pouvoir en faire d'autres ! Moi, je suis tout le temps en train d'en faire. Pour mon travail, mais aussi pour mon couple. C'est ce qui me permet d'avancer dans la vie !

La liste de vos projets

Vous n'osez pas vous lancer ? Commencez par coucher sur le papier les envies que vous avez pour votre avenir. Ne vous interdisez rien ! Une fois la liste faite, commencez par choisir un projet assez simple, réalisable à court terme, puis mettez-le à exécution. Vous verrez, cela fait un bien fou ! Et quand vous aurez commencé, on ne vous arrêtera plus, et c'est tant mieux.

NE LÂCHEZ RIEN !

Ce n'est pas parce qu'un projet n'est pas simple ou rapide à réaliser qu'il faut le laisser tomber. N'écoutez pas les grincheux qui vous diront de renoncer à la première difficulté. Après tout, au pire, qu'est-ce que vous risquez ? De rater ? Qu'on vous dise non ? Et alors : vous pourrez recommencer ou essayer d'obtenir un oui ailleurs ! Et au mieux, vous réussirez, et là, ce serait la consécration ! Prendre conscience de cela a été très libérateur pour moi. On me dit souvent que je me lance dans des projets trop gros pour moi ou irréalistes. Mais je n'écoute pas, je fonce quand même. Car lorsque j'ai une idée en tête, je ne la lâche pas.

Je tente, je n'ai pas peur, ce ne sera pas la première fois que je me heurterai à une porte close. Et parfois, cela marche ! Tel a été le cas avec *On se retrouvera*, le polar que j'ai écrit. J'ai envoyé le manuscrit à une bonne dizaine de maisons d'édition, qui ont toutes refusé le projet. Évidemment, cette défaite a été un peu dure à avaler… mais je me suis dit qu'il fallait encore tenter le coup ! Alors, lorsque j'ai trouvé l'adresse mail de Lilas Seewald, éditrice chez Fayard, je lui ai envoyé le manuscrit en direct. Et là, bingo, elle a été intéressée par le projet, et le polar a été publié. Alors faites comme moi, ne lâchez rien. Après tout, même sur un malentendu, vous pouvez réussir.

Mes trois trucs pour persévérer

- Dressez un plan précis, avec des étapes à mener à bien. Décomposer rend le projet moins insurmontable !
- Faites un planning ! Sinon, vous risquez de vous lasser.
- Imaginez « l'après », le moment où vous aurez mené à bien ce projet qui vous tient tant à cœur : cela vous aidera à vous motiver.

Je sublime *mes émotions*

Connaître et accepter ses émotions, c'est un pas énorme vers le bien-être. Mais ne pas les nier ni se laisser submerger par elles, ce n'est pas évident ! Le sport peut être un excellent moyen pour les juguler – et sur ce sujet, je vous ai déjà donné mes petits conseils au chapitre précédent –, mais il existe un autre moyen génial pour « déposer les valises » : la pratique artistique ! La danse, la musique, la peinture, le dessin, l'écriture, le chant, ou même le point de croix peuvent vous aider à vous débarrasser de vos émotions négatives. Et c'est incroyable comme on se sent mieux ensuite !

Défoulez-vous avec une pratique artistique

À l'école, peu de profs s'intéressaient à moi. Je me sentais inférieure aux autres, j'étais persuadée d'être bête et je n'avais pas confiance en moi. À part une professeure d'italien merveilleuse, qui nous faisait rêver de l'Italie à travers la langue (et avec elle, j'avais une superbe moyenne !) et une professeure de danse qui a cru en moi, je n'ai rencontré personne qui m'ait fait aimer l'école ou qui m'ait encouragée. Alors, un peu cabocharde, je me suis dit que si à l'école on ne s'occupait pas de moi, je n'allais pas m'occuper de l'école non plus ! C'est avec le théâtre, découvert à l'âge de seize ans, que j'ai commencé à m'épanouir. Et aujourd'hui, je pense avoir confiance en mes capacités. Jouer la comédie, je sais que je sais faire !

Moi et mon image

Lorsque je regarde un film que j'ai tourné, je suis capable d'émettre un jugement. De déterminer si c'est bien, si j'ai mal joué la scène, si cela aurait été mieux autrement, etc. Forcément, celle que je regarde n'est pas moi ! Par contre, dès qu'il s'agit d'une émission de télé où c'est « vraiment moi », je ne supporte pas de me voir. Je déteste tout en bloc ! Dans ce cas, mon agent ou Badri, mon mari, regardent et me disent ce qu'ils en pensent.

La comédie me sort d'énormément de soucis. Me mettre dans la peau d'un personnage, de quelqu'un de totalement différent de moi, cela me fait un bien fou. On arrive sur le tournage, on passe au maquillage, à la coiffure, au costume, on arrive sur le plateau, une répétition, et hop, on est quelqu'un d'autre. Si je suis triste en tant que Laëtitia, j'adopte totalement l'état d'esprit de mon personnage dès que je suis lui. C'est fabuleux ! En plus, avec l'expérience, je ne puise plus du tout dans mes émotions personnelles pour jouer. L'Actor Studio, très peu pour moi, je n'ai pas envie de me faire souffrir inutilement. Je me plonge simplement dans le personnage ; je trouve que le résultat est plus spontané et naturel.

Et si vous vous mettiez à la comédie ?

Jouer la comédie permet de faire totalement abstraction de soi. Quel que soit votre état d'esprit, vous l'oubliez immédiatement lorsque vous interprétez un personnage. Le théâtre peut être une excellente thérapie ! Pensez-y…

Engagez-vous !

S'engager pour les autres est un excellent moyen de dépasser ses petits soucis tout en se rendant utile. Soutenir les associations, se rendre compte du travail immense de tous ceux qui s'engagent pour une cause à laquelle ils croient, c'est une formidable école de solidarité et d'espoir.

Et puis il est nécessaire de rendre un peu aux autres ce que l'on reçoit. Par exemple, ma célébrité permet de mettre un coup de projecteur sur certains sujets, et je trouve normal de prendre le temps de m'engager, que ce soit pour la lutte contre l'endométriose, contre la maladie d'Alzheimer, la protection des animaux, l'aide aux enfants malades, aux non-valides, etc. Et vous, dans quoi allez-vous vous engager ? Il y a tellement de causes à défendre… ce n'est pas toujours facile de faire un choix ! Pour vous aider, vous pouvez passer à votre mairie, qui répertorie les associations œuvrant près de chez vous. Pensez aussi au portail *www.associations.gouv.fr* qui pourra vous aiguiller. Allez, c'est parti, faites le premier pas !

Mon engagement par l'écriture

J'écris pour passer des messages. Lorsque j'ai publié mon premier livre, Je voulais te dire, *je me suis aperçue que des lecteurs se reconnaissaient dans les batailles que j'ai dû mener. J'avais reçu beaucoup de courriers où ils me racontaient leur histoire et me disaient que lire la mienne leur avait fait du bien, qu'ils se sentaient moins seuls. Ces lettres m'ont beaucoup impressionnée. J'ai alors eu envie d'utiliser l'écriture pour faire passer des messages qui me semblent importants. Écrire sur la violence faite aux femmes avec* On se retrouvera, *sur l'endométriose avec* Le bébé c'est pour quand ?, *sur la difficulté de vivre le handicap dans notre société avec* Liés pour la vie, *cela permet de mettre en avant ces sujets, d'en faire parler et, j'espère, de faire avancer un peu le débat. Il y a tellement de sujets sur lesquels j'aimerais écrire ; je me demande si une vie suffit pour tout faire ! Mais lorsque je flanche, je me souviens de la force extraordinaire que me donne le public pendant les séances de dédicace. Ce public qui me porte m'insuffle une énergie formidable !*

Chapitre 4

Bien chez moi

Si le soleil entre dans la maison,
il est un peu dans votre cœur !

Un chez-soi, c'est un refuge, un endroit où l'on peut être totalement soi-même, où l'on se régénère, où l'on partage des moments simples avec ses proches. Le plaisir de se ressourcer chez soi n'a pas de prix. Lorsque l'on rentre de sa journée de travail un peu fatigué, que l'on a dû faire face à des difficultés professionnelles, qu'on a supporté les bouchons ou les transports en commun, souffler en franchissant le seuil de sa maison, c'est un vrai bonheur !

Pour pouvoir profiter pleinement de ces moments « ressource », nul besoin de posséder un château avec des dépendances et quinze employés de maison : il suffit de prendre soin de son intérieur, d'y mettre tout son cœur. En apportant des touches personnelles qui font sens pour vous, en rangeant ce qui traîne, en prenant le temps de recevoir vos proches, vous vous faites du bien. Voilà comment j'essaie d'organiser mon quotidien, et j'ai la sensation que cela m'aide à être heureuse.

Je transforme *ma* maison en cocon

Votre maison ou votre appartement ne doit pas se réduire à un endroit où dormir et prendre sa douche ! Avec quelques idées simples, ce lieu peut se transformer en cocon régénérateur, en lieu « ressource », en refuge dans lequel vous vous sentez à l'aise, détendu, bref, heureux de vivre. Ma maison est ainsi mon cocon. Depuis que j'y réside – cela fait maintenant dix ans –, je m'y sens toujours bien. Mais attention, c'est du travail ! Créer une ambiance, à l'intérieur comme à l'extérieur, en prendre soin, organiser et tout bien ranger, cela prend un peu de temps, il faut l'admettre. Mais le bien-être qui en découle récompense largement tous les efforts !

Atmosphère, atmosphère !

L'atmosphère qui se dégage de votre intérieur influence forcément votre humeur et la manière dont vous vous comportez chez vous. Autrement dit, il est capital de créer une ambiance qui vous ressemble et vous fait du bien !

Les objets qui décorent votre intérieur doivent vous ressembler. Je veux dire par là qu'il faut faire en sorte qu'ils soient le reflet de votre personnalité, qu'ils animent votre espace et qu'ils vous fassent vous sentir bien. Pourquoi ne pas vous laisser porter par vos coups de cœur ? Si un objet vous séduit, lancez-vous. Attention tout de même de ne pas surcharger : n'hésitez pas à supprimer certains éléments quand c'est « trop ». Par exemple, j'ai souvent tendance à ramener de voyage des statues ou des bibelots. Et généralement, je me rends compte une fois à la maison qu'ils ne vont pas du tout avec le reste de la déco, alors je les laisse au fond d'un placard… Et je finis par en faire cadeau à celui ou celle qui en veut !

La couleur (de vos murs, de vos rideaux et de vos portes) compte également beaucoup dans l'atmosphère qui se dégage d'une pièce. Eh oui, tout comme les fleurs, les couleurs ont une signification ! Chacune d'entre elles influencera votre humeur et la manière dont vous vous sentirez dans la pièce.

Vous pouvez prendre moins de risques en optant pour des couleurs neutres : blanc, beige, gris, taupe, marron. Le blanc, symbole de pureté, est la couleur qui renvoie le plus la lumière. Attention tout de même de ne pas tomber dans l'excès de blanc, qui peut vite faire penser à un hôpital. Par contre, marié avec des meubles ou une déco colorés, il devient hyper-agréable ! Le beige et le gris permettent de gagner de la luminosité sans tomber dans le blanc. Comme il y a des centaines de nuances possibles, veillez à choisir une teinte qui puisse s'accorder avec d'autres couleurs et qui ne « plombent » pas l'ambiance de votre pièce… Le marron et le taupe, plus sombres, ne renverront pas autant la lumière. Par contre, ces couleurs apporteront une ambiance chaleureuse et douce. À associer à d'autres teintes plus claires et lumineuses, donc, pour un effet chaleureux et lumineux à la fois !

Laissez entrer le soleil !

Mon mari et moi avons consacré beaucoup de temps à concevoir notre maison. L'une de nos priorités était de créer un espace rempli de lumière. Elle a donc beaucoup de baies vitrées et de fenêtres et nous avons choisi de l'orienter plein sud. Comme cela, nous avons l'impression de vivre au rythme de la nature et du soleil.

Si pour vous aussi la clarté est importante, vous pouvez utiliser ces astuces pour augmenter la luminosité de votre intérieur. Commencez par troquer vos gros rideaux contre des voilages plus légers ou des stores. Si votre intérieur est toujours trop sombre, choisissez des couleurs claires pour les murs. Pensez également à peindre votre plafond en blanc brillant, cela reflétera davantage la lumière. Vous pouvez aussi mettre un miroir en face de la fenêtre : effet garanti !

Si vous êtes plutôt du genre audacieux, lancez-vous dans le choix de couleurs un peu plus dynamiques ! Le bleu, symbole de pureté, favorise la détente. Attention de ne pas en abuser, l'ambiance deviendrait alors froide. Le rouge est la couleur qui dynamise par excellence, parfaite pour les pièces où il y a de l'activité, comme la cuisine ou un escalier. Avec le vert, vous touchez du doigt l'harmonie, car c'est une couleur composée de chaud et de froid. Elle peut être stimulante (vert pomme, acidulé, etc.) ou rafraîchissante (vert menthe, vert d'eau, etc.).

Quel que soit votre choix, ne dépassez pas trois couleurs par pièce : vous surchargeriez l'ambiance et ce trop-plein finirait par piquer les yeux ! Pensez à équilibrer le rapport entre les matières (bois, tissu, métal, etc.). Un mur de brique, du métal, et vous créez un style industriel ; du bois clair avec de la peinture, et vous obtenez une ambiance contemporaine ou scandinave ; du bois foncé et du papier peint, et votre pièce sera plus cosy. Laissez libre cours à vos envies, après tout, c'est chez vous.

Et puis rien ne vous empêche de varier les styles dans votre maison. Par exemple, dans la nôtre, nous avons choisi de créer plusieurs ambiances. La chambre d'amis, c'est un thème un peu New York, dans les gris, les rouges. Dans le bureau de mon mari, nous avons choisi le dynamisme du vert pomme, et dans la salle de sport – bon, c'est un grand mot, deux machines l'occupent –, nous avons recherché un esprit un peu zen, dans les beiges, avec des bouddhas, des bougies, etc. Et dans l'espace cuisine, salon et salle à manger, nous voulions produire un effet contemporain assez épuré, avec du blanc, du beige, du gris.

« Pour une atmosphère chaleureuse. »

Clic-clac Kodak

Les photos constituent un autre moyen de créer une atmosphère chaleureuse. Exposées dans le salon ou jalousement gardées dans l'intimité de la chambre à coucher : tout dépend de votre personnalité. Chez moi, je n'aime pas exposer mes photos, je préfère les mettre dans ma chambre ou mon dressing. C'est d'ailleurs là que trône ma photo de mariage ! J'aime faire des albums photos : j'en réalise un par année écoulée, et j'adore m'installer sur le canapé avec une tisane pour les regarder. Chez ma mère, il y a des photos partout dans le salon, des photos de la famille, de ses amis, de ses voyages, etc. Et c'est vraiment chaleureux. À vous de voir ce qui correspond à vos envies. Et rien ne vous empêche de changer d'avis au fil du temps !

Garden party

Si vous avez un espace extérieur, c'est une respiration supplémentaire, une manière de vous sentir plus proche de la nature. Un petit balcon peut tout à fait vous apporter ce plaisir ; même quelques jardinières sur le rebord d'une fenêtre peuvent faire l'affaire. Le plus important est de garder le contact avec la terre, les plantes, la verdure.

Petit potager

Pourquoi ne pas vous lancer dans la confection d'un petit potager ? C'est ce que j'ai fait. Il est tout petit – je n'aurais pas le temps de m'en occuper s'il était plus grand – mais j'y ai planté des herbes aromatiques. J'embête tout le monde – mon mari, ma famille et même mes amis – pour qu'on arrose mon potager quand je m'absente pour des tournages. Si vous n'avez pas beaucoup de place, une petite jardinière peut suffire ! Et quel plaisir d'utiliser son propre basilic dans sa salade de tomates…

Pour faire de votre extérieur un havre de paix, il suffit de pas grand-chose. Vous pouvez par exemple installer un hamac, afin de vous détendre et de faire un petit somme. Ou aménager un salon d'extérieur. Si vous n'avez pas de mobilier, quelques poufs, des coussins, des plaids peuvent convenir. L'essentiel est d'avoir un petit coin pour vous installer tranquillement.

Votre balcon, en quelques gestes simples, peut se transformer en lieu ressource. Posez des caillebotis au sol pour adoucir l'ambiance. Installez un banc, une petite table, des chaises ou une chilienne pour vous « poser » quand le soleil pointe le bout de son nez. Et surtout, n'oubliez pas les plantes et les fleurs ! En faisant bien attention de les sélectionner selon votre orientation et la saisonnalité. En jardinerie, on vous guidera dans votre choix.

Mon rêve

Je rêve de posséder un jour un grand terrain sur lequel je puisse avoir des animaux. Des ânes, des chèvres, un poney, des poules… c'est en leur compagnie que j'aimerais finir ma vie. Pouvoir être avec les animaux, les rendre heureux, bien m'en occuper, c'est mon rêve !

Chez moi, j'ai la chance d'avoir un jardin. Même s'il n'est pas très grand, j'y consacre beaucoup de temps et c'est un grand plaisir. Dès que j'ai un moment de libre, je sors couper mes rosiers, tailler mon olivier. Cette activité me détend, je me sens au contact de la nature et cela stimule mon énergie. J'y ai créé plusieurs ambiances. D'un côté, c'est plus

rustique, avec de la pelouse, un olivier, un petit boulodrome et des fleurs champêtres. J'y laisse la nature faire les choses elle-même. De l'autre, c'est plus contemporain et zen, avec des gravillons, des pierres plates et des arbustes taillés en formes géométriques. Je me suis même créé un petit coin japonais, avec des érables et des oliviers très soigneusement taillés, en pompons. Ainsi, selon mon humeur, je m'installe d'un côté ou de l'autre de mon jardin !

Et si comme moi, vous aimez les fleurs champêtres et que vous avez une pelouse, ne tondez pas trop souvent. C'est tellement joli de regarder les pâquerettes qui pointent leurs nez au milieu de l'herbe. C'est tout bête, mais leur vue me rend heureuse. Mais je dois me battre avec mon mari qui veut sortir la tondeuse dès qu'un brin de pelouse dépasse.

Aménager un petit point d'eau

Ah, un petit point d'eau avec des poissons et des nénuphars… Dans ma prochaine maison, j'espère pouvoir le créer ! Si vous en avez la possibilité, n'hésitez pas, effet apaisant et romantique garanti. Ruisseau, cascade, bassin, etc., les possibilités sont nombreuses.

En allant faire un tour dans une jardinerie, vous en apprendrez davantage sur les solutions adaptées à votre jardin. Et si vous n'avez pas le courage de vous lancer dans des travaux compliqués, une petite fontaine est plus simple à installer et fait son effet. Il existe même des solutions adaptées aux balcons : des vasques à débordement avec une pompe en circuit fermé. Un éclairage pour le soir, quelques plantes vertes, et votre décor prendra vie.

JE BICHONNE *mon* INTÉRIEUR

J'ai un petit côté femme d'intérieur obsessionnelle… La poussière, l'odeur de renfermé ou une ambiance morose dans le salon, ce n'est pas possible pour moi ! Je trouve qu'un logement est bien plus agréable quand tout est rangé, propre et dégage une ambiance positive. Bref, là, je suis en train d'essayer de vous convaincre d'être aussi maniaque que moi… Si, si, vous verrez, c'est super-agréable d'avoir un intérieur qui brille – dans tous les sens du terme !

NETTOYER, BALAYER, ASTIQUER !

Ne vous laissez pas décourager par l'ampleur de la tâche… Plutôt que de laisser le désordre s'accumuler la semaine et de devoir vous lancer dans un grand ménage le week-end, préférez faire les choses au fur et à mesure. C'est beaucoup plus facile de passer un petit coup d'éponge régulièrement que de devoir récurer une fois que la saleté s'est incrustée. Tous les matins, quand je suis à la maison, je prends ainsi le temps de faire un peu de ménage. Aspirateur, poussière, tout y passe. J'aime quand cela brille. Je trouve que l'ambiance est meilleure quand la propreté règne. J'avoue qu'il m'arrive d'essuyer les pattes de mes chiennes quand elles rentrent de l'extérieur ! Pour faire la poussière, j'ai trouvé un gant microfibre jaune que j'humidifie avec de l'eau. C'est très efficace. Et pour les vitres, j'ai trouvé un chiffon en microfibre spécial, presque magique, de la marque H2O ! Il permet de les nettoyer juste avec de l'eau : j'en raffole !

Mes produits fétiches

En grande maniaque, j'ai testé de nombreux produits d'entretien avant de me mettre à les fabriquer moi-même. J'ai trouvé quelques recettes très simples à base de produits naturels que nous avons souvent dans nos placards : vinaigre blanc, bicarbonate de soude, cristaux de soude, savon noir, citron. J'y ajoute des huiles essentielles pour le parfum et leurs vertus bactéricides (attention, lisez bien l'étiquette avant d'utiliser une huile essentielle, c'est très puissant !). C'est bon pour la nature, c'est sain pour votre maison et, en plus, c'est économique !

Mon produit pour les vitres : si vous n'avez pas envie d'utiliser le chiffon microfibre, vous pouvez mélanger 1 dose de vinaigre blanc (ou de vinaigre d'alcool, c'est la même chose) pour 6 doses d'eau. Si les vitres sont très sales, vous pouvez augmenter le pourcentage de vinaigre. Ajoutez au maximum 5 gouttes d'huile essentielle de tea tree, de lavande ou de citron.

Mon produit multi-surfaces : mélangez 2 cuillerées à soupe de bicarbonate de soude avec 1 verre de vinaigre blanc et 3 cuillerées à soupe de jus de citron. Diluez avec 1,5 litre d'eau très chaude, remuez bien, puis ajoutez jusqu'à 10 gouttes (maximum, attention !) d'huile essentielle de tea tree, de lavande ou de citron.

Mon liquide vaisselle : mélangez 1 cuillerée à soupe de cristaux de soude, 1 cuillerée à café de bicarbonate de soude et 1 cuillerée à soupe de savon noir. Diluez dans 0,5 litre d'eau chaude, mélangez bien, puis ajoutez 5 gouttes d'huile essentielle de tea tree, de lavande ou de citron.

Ma lessive : 100 grammes de savon de Marseille (on en

trouve directement en paillettes, ou sinon vous pouvez le râper vous-même) avec 2 litres d'eau bouillante. Mélangez bien et ajoutez 4 à 6 gouttes d'huile essentielle de tea tree, de lavande ou de citron. Attention, il ne faut pas en mettre beaucoup (un petit verre tout au plus) et ne pas laver à froid, sinon le produit bouche la machine !

De l'air et de l'énergie !

Changer l'air d'une maison ranime les énergies et purifie l'ambiance. Il serait dommage de ne pas le faire. Le matin, ouvrez grandes vos fenêtres pour renouveler l'air de toutes vos pièces. Un petit quart d'heure, c'est l'idéal. Même l'hiver, du moment que vous éteignez le chauffage, écologie oblige, bien sûr ! Je trouve que c'est très important. Pour les odeurs, les polluants et l'humidité bien sûr, mais aussi pour l'atmosphère générale. J'ai la sensation que la maison respire, que l'énergie est renouvelée.

L'énergie des bougies

N'hésitez pas à en allumer chez vous, le soir, pour donner une ambiance chaleureuse et augmenter l'énergie de la pièce. Faites tout de même attention à leur composition : certaines peuvent contenir des éléments toxiques. En cherchant un peu, vous trouverez des bougies plus saines et naturelles.

Moi, je me fournis au gré de mes envies. J'adore fouiner dans les petites boutiques qui vendent des bougies et de l'encens faits maison ou dans les magasins bio.

Je me suis un peu intéressée au feng shui et j'applique à la maison quelques principes. Par exemple, la présence d'un point d'eau chez soi a un effet apaisant. Ainsi, je possède un aquarium. L'harmonie et les mouvements tranquilles de ses petits habitants m'apportent une grande sérénité. Si vous ne voulez pas avoir de poissons, un simple point d'eau suffit pour créer de l'énergie positive dans une pièce. Toujours au sujet des points d'eau – mais moins glamour ! – pour ne pas laisser remonter les énergies négatives, abaissez la lunette des toilettes (et fermez la porte, ce sera de toute façon plus joli !). En feng shui, c'est un principe fondamental.

Allez, on range !

Ranger, trier, c'est in-dis-pen-sable. C'est tout bête à dire, mais quand on range sa maison, c'est un peu comme si on rangeait dans sa tête aussi. Pour ne pas vous laisser envahir, remettez les choses à leur place au fur et à mesure, de façon à vous faciliter la vie. Une fois que les affaires sont au bon endroit, on les trouve bien plus rapidement. Fini le temps perdu à chercher le papier très important « qui-était-pourtant-sur-la-table-du-salon-depuis-trois-semaines ». Ce document est dans un classeur dans le bureau, voilà tout !

Il est toujours plus facile de ranger quand on a de la place… Si vous en manquez, si vous sentez que votre intérieur est trop chargé, pourquoi ne pas faire un peu de vide ? Faites le tour de votre intérieur, pièce par pièce, en regardant tous les objets, les éléments de déco. Est-ce que vous utilisez vraiment ce vase ? Cette collection de bibelots, vous l'aimez encore ? Ces coussins, sont-ils dans l'esprit du salon ? Tout ce qui ne vous correspond plus, zou, dans un carton. Pour celles ou ceux qui pourraient être intéressés, sachez que la plupart des villes et villages organisent des vide-greniers : vous pouvez en profiter pour y vendre ce qui vous encombre. Vous pouvez aussi le donner, pourquoi pas à des associations. Quand on a davantage de place, on respire bien mieux.

Pour votre penderie (armoire, ou dressing, peu importe), employez les grands moyens ! À chaque saison, faites un grand tri. Tout ce qui n'a pas été porté, ce qui ne vous plaît plus ou ne vous convient plus ou encore dont vous vous êtes lassé(e)… dehors ! Surtout, ne jetez pas : pensez à Emmaüs, aux Restos du cœur, à la Croix-Rouge ou à toutes ces associations qui ont besoin de vos vêtements.

Si vous avez besoin de renouveler votre garde-robe, pensez également au vide-greniers : on peut y vendre ses vêtements… mais aussi en trouver à petit prix. Et une fois le surplus éliminé et les éventuelles nouveautés achetées, classez tout par couleurs. Ainsi, lorsque vous arrivez devant votre armoire, vous pouvez vous diriger directement vers les tons que vous avez envie de porter. Pensez également à bien ranger vos vêtements, en évitant les faux plis. Si vous avez assez de place, mettez le plus grand nombre possible de pièces sur des cintres : elles auront moins de marques !

Idem pour les chaussures, les sacs, les manteaux, les chapeaux et tous les accessoires que vous avez pu accumuler pendant des années : on trie et on classe. En ce qui me concerne, je range mes sacs dans une partie distincte de ma penderie, je trouve cela plus hygiénique. D'ailleurs, j'ai découvert une marque qui propose de très jolis sacs à main en cuir végétal : Jean Louis Mahé. Les produits sont fabriqués sans aucune matière animale et sont labellisés par PETA, la grande organisation de protection des animaux. Si le concept vous intéresse, allez voir le site *www.jeanlouismahe.com*.

Chaussettes, culottes, etc.

Oubliez les tiroirs avec les slips et les soutiens-gorges en vrac ou en boule. En organisant bien vos tiroirs à sous-vêtements, vous posez immédiatement un regard d'ensemble sur ce que vous avez. C'est tellement plus facile de choisir en connaissance de cause (et de ne pas chercher un quart d'heure la seconde chaussette…).

Ma maison, LIEU DE PARTAGE

Votre chez-vous est primordial pour vous ressourcer, cocooner et paresser. Mais c'est aussi le lieu idéal pour accueillir ceux qui comptent pour vous, votre famille, vos amis. Prendre le temps de préparer leur venue, de les bichonner, une excellente manière de leur montrer l'importance qu'ils ont pour vous. Et recevoir à dîner – ou déjeuner – est la meilleure façon de resserrer les liens avec vos proches.

À VOS FOURNEAUX !

Cuisiner un bon petit plat, ce n'est pas forcément compliqué. Si vous n'êtes pas un cordon-bleu, vous pouvez tout à fait préparer un délicieux plat de pâtes avec une petite sauce maison ou une viande grillée au four avec une poêlée de légumes. *La cuisine pour les Nuls* en a sauvé plus d'un ! Et c'est un tel plaisir d'avoir passé un peu de temps à préparer un repas que des êtres chers vont déguster… Pour ma part, j'adore cuisiner et recevoir. Comme j'aime faire plaisir à mes invités, je cuisine tout moi-même, de l'apéritif au dessert, ce qui prend du temps… Donc, je préfère être informée de leur venue quelques jours avant pour disposer d'un délai qui me permet de prévoir, de faire les choses « bien » et de ne pas courir jusqu'au moment où mes invités arrivent.

Ma SUPER-ENTRÉE : POINTES D'ASPERGE ET VELOUTÉ D'ASPERGE

6 PERS

2 belles bottes d'asperges | 100 g de beurre | 80 g de farine | 2 litres de fond de volaille | 4 jaunes d'œufs | 200 g de crème épaisse | 2 c.à.s. de gros sel | Sel, poivre

Lavez les bottes d'asperges et mettez de côté 4 asperges. Coupez-les en petits morceaux. Mettez les pointes de côté et coupez-les en deux dans la longueur. Faites-les cuire dans de l'eau bouillante avec du gros sel pendant quelques minutes (il faut qu'elles restent croquantes). Égouttez-les et réservez.

Réalisez un roux : faites fondre le beurre dans une casserole et ajoutez la farine. Mélangez et faites cuire sans coloration pendant 3 à 4 minutes.

Versez progressivement le fond de volaille sur le roux chaud en remuant sans cesse jusqu'à reprise de l'ébullition. Ajoutez les queues d'asperge et laissez cuire doucement durant 30 minutes. Mixez et mettez le mélange dans une casserole.

Dans un bol, mélangez les jaunes d'œufs et la crème épaisse. Remettez le velouté à bouillir, puis éteignez le feu. Ajoutez alors délicatement le mélange jaunes d'œufs – crème. Filtrez le velouté. Goûtez, puis salez et poivrez à votre convenance.

Faites cuire à la vapeur – juste pour qu'elles soient fondantes – 4 asperges par personne. Coupez leur bout vert, en petits morceaux, et disposez-les au milieu d'une assiette creuse. Servez devant les invités le velouté autour de ces asperges.

Mon TAJINE DE POULET AU CITRON

6 PERS

6 pilons de poulet | 4 pommes de terre | 2 courgettes | 4 gousses d'ail | 4 citrons confits | 1 poignée d'olives vertes | 3 c.à.s. d'huile d'olive | 1 c.à.c. de cumin | 1 c.à.c. de curcuma | 1 c.à.s. de ras-el-hanout | Quelques feuilles de coriandre

Faites revenir les pilons de poulet dans une cocotte avec l'huile d'olive, jusqu'à ce qu'ils soient bien colorés. Retirez-les de la cocotte et remplacez-les par les gousses d'ail écrasées. Faites-les revenir jusqu'à ce qu'elles soient dorées.

Remettez alors le poulet, ajoutez les citrons confits coupés en quartiers, les olives vertes avec les noyaux (pour plus de saveur), les pommes de terre et les courgettes coupées en gros morceaux. Mouillez avec un verre d'eau, ajoutez le cumin, le curcuma et le ras-el-hanout. Couvrez et faites mijoter à feu doux pendant 1 heure 30. Ajoutez un peu d'eau si cela accroche, et remuez de temps en temps.

Au moment de servir, parsemez de quelques feuilles de coriandre ciselées.

Mon SUPER TIRAMISU

6 PERS

20 biscuits à la cuiller | 3 œufs | 75 g de sucre roux | 1 sachet de sucre vanillé | 190 g de mascarpone | 0,25 litre de café noir | 30 g de cacao amer

Séparez le jaune et le blanc des œufs. Fouettez les jaunes avec le sucre roux et le sucre vanillé jusqu'à ce que le mélange blanchisse. Ajoutez le mascarpone. Montez les blancs en neige, puis incorporez-les au mélange délicatement.

Mouillez rapidement les biscuits à la cuiller dans le café noir. Tapissez le fond du plat avec une couche de biscuits humides.

Recouvrez d'une couche de mascarpone, puis ajoutez une couche de biscuits. Répétez l'opération en terminant par une couche de crème.

Saupoudrez de cacao amer. Mettez au frais au moins 3 heures avant de servir.

On peut également faire la même recette en remplaçant les biscuits à la cuiller par des spéculoos : c'est un vrai délice…

Qu'est-ce qu'on mange ?

Si vous craignez de servir deux fois de suite du panais au copain de votre sœur alors qu'il en a horreur, vous pouvez tenir un petit journal de ce que vous avez cuisiné. Si vous êtes plutôt classique, un petit carnet où vous écrivez la date, le menu et le nom des invités convient parfaitement. Si vous êtes plus 2.0, il existe des applis qui le font très bien. Cette précaution peut éviter des drames familiaux à cause d'un plat d'épinard !

Pour ne pas vous stresser – car l'idée, c'est quand même de passer un bon moment ! –, réfléchissez à votre petit menu quelques jours avant. Comme cela, vous pouvez faire les courses l'avant-veille ou la veille et cuisiner tranquillement sans vous demander si vous avez assez de farine ou de salade verte. Je trouve que l'idéal est de pouvoir cuisiner la veille. D'abord, c'est souvent bien meilleur, surtout si vous choisissez des plats qui doivent mijoter. Et puis le jour J, vous avez l'impression d'avoir tout votre temps, c'est super-agréable.

Si, comme moi, vous avez un gros problème avec les quantités – j'ai toujours peur que les convives n'aient pas assez à manger, alors je cuisine pour douze si nous sommes six –, pensez au congélateur ! Quand il y a des restes (en gros, à chaque fois), je congèle part par part. Comme cela, si un soir je ne sais pas quoi manger, au lieu d'ouvrir une boîte de soupe tristounette, j'ai un petit plat délicieux à déguster !

LE MOJITO, *Mon* COCKTAIL FÉTICHE !

1 VERRE

6 à 8 feuilles de menthe | ½ citron vert | 1 cl de sirop de sucre de canne | 2 cl de rhum blanc | 5 glaçons | De l'eau gazeuse

Au printemps ou en été, j'ai parfois ce que j'appelle ma « crise cocktail ». Je me prends pour Tom Cruise… et je sors le shaker ! Voici ma recette préférée. À déguster avec modération.

Mettez les glaçons dans un torchon, refermez-le et pilez la glace avec un rouleau à pâtisserie. Mettez-la dans un bol et réservez au congélateur.

Déposez au fond d'un verre (sans pied, assez large, haut et solide) les feuilles de menthe. Coupez le citron vert en 6 morceaux et mettez-les dans le verre. Ajoutez le sirop de sucre de canne. Avec un pilon, écrasez le citron (sans déchiqueter la menthe, attention !). Ajoutez la glace pilée et le rhum blanc. Complétez avec de l'eau gazeuse.

La déco, c'est beau !

Ce qui est dans l'assiette, nous sommes d'accord, reste capital. Mais la manière dont on présente le repas compte aussi. Une jolie table, de la vaisselle séduisante, quelques petits éléments de décoration, et hop, votre poulet-frites a de l'allure ! Avoir cuisiné la veille permet de consacrer un peu plus de temps à votre petite table le jour J. Ainsi, je dresse le couvert une heure avant que les invités arrivent. Et j'adore ce moment !

Pensez d'abord à la vaisselle. Verres à vin, verres à eau, il faut qu'ils soient impeccables. Idem pour les couverts et les assiettes. En ce qui me concerne, j'ai plusieurs services de table. Je prends plaisir à fouiner dans les magasins comme Maison du monde ou Eurodif, où l'on trouve souvent de la jolie vaisselle. Par exemple, j'ai une série d'assiettes pailletées de Maison du monde que je sors pour les grandes occasions !

Les nappes, les sets de table permettent de créer une ambiance. En cherchant bien dans les petits magasins, on peut dénicher des nappes originales à petit prix. Et si vous avez la possibilité de récupérer de vieux draps en lin blanc, vous tenez de l'or entre les mains. Une fois mis à la taille de votre table, ils deviennent des nappes dans le plus pur style bohème chic.

Complétez avec des petits détails : bougies, bougeoirs, pétales de fleurs, etc. J'ai trouvé des petits galets fluorescents la nuit, que j'adore placer sur ma table l'été, à l'extérieur. Et pourquoi ne pas adapter votre déco à ce que vous servez à vos invités ? Si vous cuisinez asiatique, sortez les baguettes, les sets en bambou et les services zen. Si vous cuisinez oriental, sortez le tajine, les services en terre cuite, etc. Idem pour l'ambiance musicale !

Mon astuce bouquet de fleurs

J'adore les fleurs, les roses, les lys, les tulipes. À part les œillets – ma mère m'a mis en tête qu'ils portaient malheur !

Quand on m'offre des fleurs, je mets une toute petite goutte d'eau de Javel dans l'eau pour allonger leur durée de vie. Et au bout de quatre ou cinq jours, quand je vois qu'elles commencent à faner, je coupe un ou deux centimètres de tige, et elles repartent pour une semaine.

Pour les tulipes, j'ai une autre astuce : mettre très peu d'eau dans le vase et percer la tige avec une aiguille, juste en dessous de la fleur. Cela les aide à ne pas piquer du nez !

Chapitre 5

Bien dans ma vie pro

Si le plan A ne marche pas,
il reste encore 25 lettres de l'alphabet !

Si l'on accorde souvent bien plus d'importance à sa vie personnelle qu'à sa vie professionnelle, il n'empêche qu'on passe le plus clair de son temps au boulot ! Ne pas se sentir bien au travail, ne pas y trouver sa place, s'ennuyer, ne pas être en accord avec les valeurs du métier, ce n'est pas compatible avec votre épanouissement. Je vous le concède, une fois que l'on a dit cela, on a enfoncé une porte ouverte. Il faut bien gagner de l'argent pour vivre, et à l'heure actuelle, on prend souvent ce que l'on trouve... Oui, bien sûr, c'est vrai. Mais rien ne vous interdit de continuer à rechercher l'épanouissement professionnel sans tout quitter du jour en lendemain.

Ne vous laissez pas décourager par la difficulté. Réussir à s'épanouir au travail est parfois malaisé, et demande souvent du temps. On peut se tromper, changer de voie, recommencer jusqu'à ce que l'on trouve ce qui convient réellement. Si ma vie professionnelle n'était qu'un moyen de gagner de l'argent, je ne pourrais pas être vraiment épanouie. Faire quelque chose qui me rende heureuse, c'est vital à mes yeux. J'adore mon métier, mais si je ne pouvais pas l'exercer, je travaillerais certainement en rapport avec les animaux – assistante vétérinaire, gardiennage, toilettage... Il est vrai que j'ai la chance d'exercer une profession qui fait rêver beaucoup de personnes – et oui, ce métier est absolument génial ! –, mais il faut remettre les choses à leur juste place : pompier, sauveteur, médecin, et bien d'autres, voilà des fonctions importantes. À côté, jouer la comédie, c'est lilliputien.

Je concilie ma vie pro *et* ma vie perso

Trouver le juste milieu entre bosser comme un fou sept jours sur sept en laissant de côté sa vie privée et ne pas s'investir du tout dans sa carrière professionnelle afin de garder toute son énergie pour sa vie personnelle, ce n'est pas évident… On a besoin de son travail pour s'aérer, rencontrer des personnes, réaliser des choses dont on est fier, mais d'un autre côté, la vraie vie, l'essentiel, ce n'est pas cela. Bref, l'équilibre entre les deux est la clé du bien-être !

Posez des limites claires

Il est indispensable de vous fixer – ou de rétablir ! – des limites claires auxquelles vous ne dérogerez pas. Travailler le week-end, tard le soir, partir en voyage professionnel trop souvent ou trop longtemps, consulter ses mails de retour à la maison, tout cela vous pompe votre énergie et empiète trop sur votre vie personnelle. Alors imposez-vous des règles qui vous correspondent, à vous et à votre famille, pour que l'équilibre soit maintenu.

Lorsque je dois partir en tournage, je m'organise pour rentrer le week-end ou pour faire en sorte que Badri vienne me voir, car nous considérons que nous ne devons pas rester loin l'un de l'autre trop longtemps. Nous essayons de rester soudés et unis, et nous prenons les décisions ensemble.

Par exemple, pour le tournage de *Coup de foudre à Bora Bora*, qui a duré un mois et demi en Polynésie, Badri m'a dit : « Tu ne penses pas que je vais te laisser partir toute seule si longtemps ! » ; et il est venu me rejoindre. C'était d'autant plus important que je venais d'apprendre que j'étais enceinte. Ce fait était tellement miraculeux, compte tenu de mon endométriose, que nous n'arrivions presque pas à y croire. Par superstition, mais aussi par crainte que la grossesse ne se passe pas bien, nous voulions garder le secret pendant les trois premiers mois. Sa présence à mes côtés comptait encore plus que d'habitude !

Mes astuces pour ne pas craquer

Comme la plupart des gens, je suis parfois sous pression au travail. Donc j'essaie de relâcher la tension en me déconnectant à la maison. La coupure entre la sphère privée et la sphère professionnelle est indispensable. Aussi, faites comme moi :

- si un sujet professionnel vous tracasse, essayez de ne pas en parler non-stop à la maison. Vous éviterez ainsi de polluer votre entourage et cela vous aidera à ne pas ruminer ;
- essayez de ne pas consulter vos mails trop souvent. Et évidemment, jamais à table ou en compagnie de votre famille ou de vos amis !

Photo
Promouvoir

Consommez les réseaux sociaux avec modération !

Aujourd'hui, dans notre monde hyper-connecté, il est facile de se laisser happer par les réseaux sociaux. D'autant qu'on y est souvent pour des raisons professionnelles et personnelles à la fois. Le glissement peut s'opérer très rapidement, et on se retrouve à travailler alors qu'on pensait se détendre en regardant Facebook… Faites donc attention de ne pas vous laisser déborder. On pourrait très bien passer sa journée sur les réseaux, il y aurait toujours quelque chose à faire, à lire ou à écrire. Ménagez-vous donc des plages horaires ou des journées où vous ne vous connecterez pas. Votre bien-être en dépend !

De mon côté, je suis sur Facebook, Twitter, Snapchat et Instagram. Cela me permet de garder un contact récurrent et privilégié avec le public, car j'accorde une grande importance à ce lien. Et puis j'ai la chance d'avoir un public extrêmement généreux et bienveillant. Lire ce que ses membres ont à me dire, les remercier des cadeaux qu'ils me font (eh oui, j'ai cette chance !), leur montrer des photos de moments et de choses qui me tiennent à cœur, cela m'aide à être proche d'eux. Car sans eux, je ne serais rien du tout ! De plus, les réseaux sociaux me permettent de relayer des informations sur des sujets qui comptent pour moi, comme la lutte contre l'endométriose, contre Alzheimer, contre la violence faite aux femmes, ou encore la cause animale. Mais cela ne m'empêche pas d'être attentive à ne pas rompre mon équilibre entre sphères privée et publique : je ne me connecte pas trop souvent et je pose des limites au-delà desquelles je ne me livre pas.

Organisez-vous

Ah, la fameuse *to-do list*... Que ferais-je sans elle ! J'ai toujours une liste longue comme le bras de choses à faire. Et tant que ce n'est pas fait, je ne suis pas tranquille, j'avoue... Quand on classe les tâches à accomplir par ordre d'importance, immédiatement, on se sent moins débordé. Et forcément, on est plus efficace, car cette liste permet de mieux apprécier l'urgence – ou pas – de ce qui est à effectuer. Ainsi, quand je couche sur le papier ce qui me reste à faire, je me sens libérée. Comme si j'ôtais de ma tête ce souci en l'inscrivant sur ma feuille. Essayez, vous verrez, c'est prodigieux.

Si vous préférez le papier, une feuille A4 que vous pliez ou un petit carnet, c'est parfait. Si vous êtes connectée, il existe de nombreuses applis bien pratiques – Todoist, Rememberthemilk, Wunderlist – pour ne plus jamais oublier de prendre rendez-vous chez le dentiste.

S'organiser, c'est aussi apprendre à déléguer : que ce soit dans votre vie personnelle ou professionnelle, vous n'êtes pas la seule personne à pouvoir agir. Alors demandez aux autres de prendre en charge une partie des tâches, et laissez-les faire ! Même si ce n'est pas exactement de la manière qui vous correspond, c'est fait. Et cela vous laisse du temps pour effectuer d'autres tâches – ou alors, luxe suprême, pour vous prélasser... (on peut rêver !).

La liste pour faire des to-do lists !

- Faites des listes thématiques (maison, travail, enfant, administratif, etc.) pour ne pas vous embrouiller.

- Établissez vos listes par ordre d'importance. Trois catégories, c'est bien : « impératif », « si j'ai le temps » et « un jour peut-être » !

- Rayez immédiatement de la liste ce que vous venez de faire : quel plaisir !

- Dès que vous pensez à une tâche à effectuer, inscrivez-la sur une liste : en écrivant, vous libérez de l'espace dans votre cerveau. Si vous êtes du genre à réfléchir à vos prochaines obligations avant de vous endormir, gardez de quoi écrire sur votre table de chevet. Sinon, vous risquez de ruminer toute la nuit !

Remettez les choses à leur place

La célébrité est venue tout doucement. Il m'a fallu du temps pour ne plus m'étonner chaque fois que les passants m'arrêtaient dans la rue ! Je n'ai pas choisi ce métier pour être célèbre. Lorsque j'ai commencé, jamais je n'aurais envisagé de devenir connue. La preuve, si j'y avais pensé, j'aurais pris un nom de scène. Car lorsque j'appelle La Poste, l'administration ou n'importe quelle entreprise, quand je dis « Bonjour, Mme Milot à l'appareil », souvent, on me demande « Milot, comme Laëtitia Milot ? », et c'est quand même moins pratique que de passer incognito !

Rendre ce qu'on me donne

J'ai toujours l'impression que les choses n'arrivent pas par hasard. Par exemple, si j'ai découvert que je souffrais d'endométriose juste au moment où je suis devenue connue, je suis persuadée que c'était pour pouvoir faire parler de la maladie. J'ai alors décidé d'utiliser ma notoriété pour mettre un coup de projecteur sur des thèmes qui me tiennent à cœur. Afin de donner un peu d'espoir. Je crois beaucoup au destin. Cette façon de penser m'aide à avancer, pour moi, pour les autres.

J'ai la chance d'être très bien entourée, d'avoir une famille et un mari qui ont bien les pieds sur terre. Je sais d'où je viens, et je ne l'oublierai jamais, d'ailleurs. Les valeurs acquises grâce à mes parents, je les conserve encore. La célébrité, les paillettes, ils n'y attachent aucune importance, et c'est une immense chance pour moi. C'est une très grande source d'équilibre, cela permet de se reconnecter à la « vraie vie », aux choses qui comptent réellement. Bien sûr, dans la plupart des métiers, cette question ne se pose pas.

Ma « team »

J'ai une « team » sur les réseaux sociaux. Dès que l'opportunité se présente, ils viennent sur mes tournages et je leur donne la possibilité de participer en faisant de la figuration. Nous passons un petit moment ensemble, nous déjeunons… C'est une façon de leur rendre tout l'amour qu'ils me donnent.

Malgré tout, il est merveilleux de pouvoir compter sur son entourage pour se rappeler que la réussite d'un projet, le respect d'un planning ou la fabrication d'un objet, ce n'est pas le plus important dans la vie. Si vous avez cette chance, profitez-en. Et si personne ne peut le faire à votre place, collez des Post-it sur votre frigo, dans votre agenda : une solution toute bête, mais qui peut vous aider à décompresser quand vous vous investissez à fond dans votre travail.

Avoir conscience que vous n'êtes pas indispensable est tout aussi important. Votre emploi peut prendre fin demain et l'entreprise continuera de tourner quand même. Quelqu'un vous remplacera, et le monde ne s'arrêtera pas de tourner. Dans mon métier, c'est la même chose. Tout peut s'interrompre du jour au lendemain. Ne pas l'oublier aide à relativiser, et c'est une force.

Mon premier autographe

Au début de ma carrière, je n'ai jamais envisagé l'idée de devenir célèbre. Je faisais du théâtre, de la figuration au cinéma ou des tout petits rôles à la télévision. Et puis Plus belle la vie *a tout changé. Je me souviendrai toute ma vie de mon premier autographe. J'étais au fast-food avec Badri, mon mari, en train de manger un hamburger. Une femme est venue me voir avec un bout de papier en me demandant de lui signer un autographe. J'étais tellement étonnée que j'ai demandé à Badri : « Mais qu'est-ce que je dois écrire ? » C'est un souvenir merveilleux. J'étais à la fois hyper-heureuse, hyper-fière et totalement surprise, je n'arrivais pas y croire !*

Gérer *ma* carrière

Se laisser flotter au gré des circonstances, dire oui à toutes les propositions sans en créer aucune, se stresser à s'en rendre malade, tout cela est fini ! Pour être heureux et épanoui dans sa vie professionnelle, il faut vous prendre en main, redevenir ou simplement devenir acteur de vos choix. Et avoir confiance. En vous, en vos capacités, en la vie !

Ne vous découragez pas

Quand on a une vocation, quelle qu'elle soit, il faut s'accrocher, ne rien lâcher. Bien sûr, il faut prendre en compte la réalité : si comme moi vous n'êtes pas une star en maths, laissez de côté l'idée de devenir vétérinaire (ce que j'ai dû faire moi aussi !).

Bref, si votre projet professionnel n'est pas irréalisable (devenir pilote de chasse si vous êtes myope, c'est impossible…) mais seulement ambitieux ou un peu décalé par rapport aux métiers classiques – comme, au hasard, comédienne ! – il ne faut pas vous décourager à la première déconvenue. Construire sa carrière peut prendre du temps, beaucoup de temps, et ce n'est pas gagné d'avance… Mais si le métier est fait pour vous, il finira par vous ouvrir ses portes. Donc, quand on est sûr de son coup, il faut recommencer encore et encore, jusqu'à ce que l'objectif soit atteint.

Entrez par la petite porte

Quand on vise une carrière atypique, souvent, on peut apprendre « sur le tas », et entrer par la petite porte. Faites-le ! En observant ceux qui exercent le métier que vous visez, en étant « dans la place », vous apprendrez beaucoup et ferez des rencontres très enrichissantes. J'ai commencé en étant dans le public des émissions, puis je me suis occupée du public des émissions. Ensuite, j'ai fait de la figuration, et j'ai été doublure lumière sur des films. J'ai observé les acteurs qui jouaient, le réalisateur, les répétitions, les mises en place, etc. J'ai vu la différence entre les longs-métrages et les téléfilms. Bref, j'ai beaucoup appris !

Par contre, si vous avez choisi une voie sans trop y croire, ne vous acharnez pas outre mesure quand vous ne décollez pas. C'est que le destin en a décidé ainsi ! Sans doute vous faut-il vous tourner vers autre chose. Dans mon cas, la « fausse bonne idée » était la danse. J'ai cru que je pouvais devenir danseuse professionnelle ou professeur de danse. Mais en y réfléchissant bien, je me suis rendu compte que je ne tenais pas viscéralement à ce projet, que ce n'était pas réellement mon rêve. Quand j'ai découvert le théâtre, j'ai alors vraiment compris ce qu'était une vocation. Là, j'ai su que j'étais faite pour ce métier et qu'il me faudrait m'accrocher, coûte que coûte, pour réussir à en vivre.

27/08/2018 INT JOUR
PRODUCTION JLA PRODUCTIONS
FILM UN BEBE POUR NOEL
E.SUMMER M.ROMANI
SEQUENCE 10A/1
PRISE 3

Cabinet Médical

La galère de mes débuts

Ma carrière ne s'est pas construite en un claquement de doigts. Au début, lorsque je suis « montée à Paris » pour la première fois, à dix-huit ans, cela n'a pas marché du tout. Je galérais, je courais les castings et n'obtenais vraiment pas grand-chose. C'était assez décourageant, d'ailleurs ! Mais même si c'était le calme plat, je ne désespérais pas. À cette époque, j'ai dû rentrer dans le sud de la France pour accompagner mon compagnon, Yannis, en fin de vie.

Quelques années plus tard, encouragée par Badri, j'ai retenté ma chance à la capitale. Est-ce que Yannis était devenu mon ange gardien qui m'encourageait de là-haut ? Le fait est que cette fois, tout m'a souri. J'ai obtenu de plus en plus de rôles, jusqu'au moment où j'ai obtenu celui de Mélanie dans Plus belle la vie, *qui a tout fait basculer.*

Apprivoisez le stress

Dans notre vie professionnelle, le stress est omniprésent. Délais de plus en plus courts, tâches de plus en plus nombreuses à accomplir, mise en concurrence, pression sur la rentabilité… les raisons d'être stressés ne nous manquent pas ! Bref, nous sommes quasiment tous soumis au stress dans cette époque de course effrénée (la vraie question est de savoir après quoi on court, et là, franchement, je n'ai pas la réponse !).

Mais ce n'est pas forcément un mal. Car le stress est d'abord une réponse normale du corps à ce que notre cerveau perçoit comme une menace. Bien entendu, il y a une gradation : à petit danger, petite manifestation de stress. Si votre cœur bat la chamade comme si vous étiez un homme de Cro-Magnon poursuivi par un mammouth quand vous devez prendre la parole au travail, c'est un peu démesuré !

Respirez !

Quand vous sentez la panique arriver, essayez de respirer calmement. C'est une excellente technique pour faire baisser votre niveau de stress. Commencez par desserrer les mâchoires, détendre les traits du visage et baisser les épaules. Puis pratiquez cet exercice de respiration :

- inspirez par le nez en gonflant le ventre ;
- expirez, toujours par le nez, en le rentrant.

Faites cela pendant deux ou trois minutes, jusqu'à ce que vous sentiez le calme vous envahir. Vous verrez, c'est très efficace !

Ce qu'il faut, c'est réussir à maintenir votre stress dans les limites du raisonnable. Le petit exercice de respiration peut vous y aider. Et dans ce cas, le stress devient un excellent stimulant. Comme pour les sportifs de haut niveau, par exemple ! Moi, je suis toujours stressée avant de commencer un tournage ou d'entrer sur scène. Dans le cinéma et au théâtre, on appelle cet état le trac, mais cela revient au même. Et finalement, cette poussée d'adrénaline me donne le courage de me lancer, de tenter de faire toujours mieux, toujours plus. En le considérant comme un moyen de vous rappeler que vous n'êtes pas parfait, que vous pouvez encore vous améliorer, vous mettez toutes les chances de votre côté pour qu'il ne prenne pas le pouvoir mais qu'il reste un allié !

Parler en public, quelle angoisse !

Lorsque je dois parler en public, je suis toujours stressée. Eh oui, ce n'est pas parce que je suis actrice que je suis à l'aise pour faire un discours devant cinquante personnes, bien au contraire !
Pour m'aider à surmonter mon stress, je m'imagine que je suis en train de jouer la comédie, que je joue un personnage qui doit parler en public. Et là, c'est magique, l'angoisse passe toute seule !

Il est normal de continuer à éprouver un pincement avant de prendre la parole en public ou d'avoir un entretien avec son patron. On a beau s'aguerrir, le stress est encore présent. Par exemple, trois jours avant un tournage, je ne dors pas et je me demande si je vais y arriver ! Michel Galabru m'a dit un jour : « Ma petite, tu auras toujours le trac, c'est même à cela que l'on reconnaît un véritable acteur ». Il avait bien quatre-vingt-huit ans lorsqu'il m'a dit cela… et il avait encore le trac avant de monter sur scène ! Alors déculpabilisez !

Faites des vrais choix

Ce n'est pas parce que l'on vous propose un poste, un projet ou une nouvelle responsabilité qu'il faut forcément accepter ! Au lieu de dire tout de suite oui parce que – oh surprise ! – on a daigné penser à vous, posez-vous et réfléchissez. Est-ce que c'est vraiment bon pour vous ? Est-ce ce dont vous avez réellement envie ? Est-ce qu'il y a quelque chose que vous ne « sentez » pas ? Quelles sont vos motivations profondes pour dire oui ? Toutes ces questions, il faut vraiment vous les poser avant de prendre une décision. Parce qu'accepter par pure reconnaissance, ce n'est pas une manière de faire vos choix, professionnels ou non, d'ailleurs !

Apprenez à dire « non » !

Quand une situation ne vous convient pas, faites-le savoir et dites « non ». Ce conseil paraît idiot, mais nous sommes nombreux à ne pas oser nous affirmer en prononçant ce simple petit mot. Si vous vous croyez toujours obligée de dire « oui », vous n'êtes pas libre ! Et comment faire les choix qui sont bons pour vous, dans ce cas ?

En vous posant les bonnes questions, vous vous donnez la chance de sortir de votre zone de confort. Et c'est là que vous faites vos vrais choix. Ceux qui vont vous aider à avancer dans la direction où vous avez vraiment envie d'aller ! Ainsi, je ne fonce pas tête baissée. J'ai appris à refuser les propositions de tournage qui ne correspondent pas à ce que j'ai envie de faire. Je me pose beaucoup de questions avant d'accepter un projet. Je sais quel type de film j'ai envie de tourner, quel genre de personnage je désire incarner. Donc, lorsque je reçois une proposition, je lis, et si je ne me sens pas concernée, je l'écarte. Refaire la même chose que dans le passé ne m'intéresse pas non plus. Ma devise : je suis mes envies !

Mon modèle de carrière

J'admire beaucoup la carrière de Jean Dujardin.
Il a commencé à la télé et puis il est allé au cinéma.
Il a l'air d'être un bosseur, qui écrit ses propres scénarios. Il n'a pas peur, il fonce, il produit.
Il doit avoir un état d'esprit assez positif, volontaire.
Je lui porte une grande admiration !

Chapitre 6

Bien dans mon couple

Aimer, c'est regarder ensemble
dans la même direction !

Je suis en couple – et heureuse de l'être ! – depuis seize ans… Mon couple est un bien extrêmement précieux pour moi. Badri et moi, nous formons un duo hyper-soudé, à tel point que souvent, nous n'avons même pas besoin de nous parler pour nous comprendre. Les épreuves que nous avons traversées ensemble nous ont liés profondément. Et même si l'on ne peut pas présager l'avenir, j'espère de tout mon cœur que nous réussirons à passer toute notre vie ensemble… Pour autant, je ne vais pas vous faire croire que c'est *Coup de foudre à Notting Hill* tous les jours ! Parfois, nous mangeons une pizza avachis sur le canapé. Parfois, nous nous disputons. Parfois, je traîne en pyjama.

Eh oui, la vraie vie ne ressemble pas à une comédie romantique… D'ailleurs, vous avez remarqué que la plupart du temps, le film s'achève quand les amoureux sont enfin réunis ? Et leur quotidien, leur manière de faire les courses, d'élever les enfants, l'organisation des vacances et les dîners chez les parents, on zappe ! Pourtant, c'est la partie la plus difficile à mettre en œuvre, mais aussi la plus intéressante. Tomber amoureux, c'est facile ; le rester demande un peu plus de volonté.

Cette petite phrase, on l'entend partout. Je l'ai même déjà vue sur des T-shirts ! Mine de rien, elle a du sens. Aimer et faire durer l'amour, c'est un peu plus compliqué que de se regarder dans le blanc des yeux. Il faut avoir des projets communs, un socle sur lequel bâtir quelque chose qui vous ressemble à tous les deux. Et puis il faut aussi croire aux mêmes valeurs morales, faute de quoi vous risquez d'aller dans le mur au moindre accident. Et enfin, il ne faut pas vous reposer sur vos lauriers. Oui, vous avez décidé de vous mettre en couple : ce n'est pas une raison pour considérer que c'est du tout cuit !

MON COUPLE, *un* DIALOGUE PERMANENT

Dans un couple, on est deux. Oui, je sais, c'est très profond ce que je viens de dire… Plus sérieusement, il est impossible d'être en permanence sur la même longueur d'onde, surtout si vous n'échangez pas vos points de vue. On peut ne pas être d'accord – et cela arrive souvent, d'ailleurs – mais il faut se le dire avec gentillesse. Ce qui compte plus que tout, c'est de conserver la plus grande bienveillance envers votre conjoint. Si vous sentez que l'un comme l'autre vous n'êtes pas dominés par la rancœur ou l'agressivité, mais que vous vous voulez du bien, vous disposez d'une base saine et solide pour construire votre histoire. Et pour cela, il faut communiquer régulièrement (pour ne pas laisser pourrir une situation) et avoir confiance en l'autre (si, si !).

JE COMMUNIQUE À FOND !

Communiquer dans un couple, ce n'est pas juste se transmettre des informations telles qu'une liste de courses et un planning des factures ! C'est aussi se dire ce que l'on ressent, si on est triste, joyeux, mélancolique, préciser comment on se sent physiquement. En pleine forme, fatigué, ramolli ou débordant d'énergie… Pour être en phase l'un avec l'autre, il faut que vous puissiez connaître ces détails sur votre partenaire.

Hélas, la télépathie ne suffit pas toujours (heu… en fait, elle ne suffit jamais !). Votre moitié ne va pas réussir à deviner ce qui se passe dans votre tête si vous ne le lui dites pas. Et vice versa ! Se parler évite un bon nombre de malentendus. Votre chéri ne peut pas savoir que vous avez envie de tel cadeau pour votre anniversaire ou que vous ne voulez surtout pas le fêter cette année si vous ne lui dites rien. Bref, il vaut mieux s'expliquer que faire la tête quand la réalité ne correspond pas à vos désirs secrets.

Mes astuces pour bien se parler

Si vous êtes plutôt mutique ou que votre moitié a du mal à faire plus de deux phrases d'affilée, instaurez des moments « communication » où vous vous forcez à échanger. Vous verrez, à force, ce dialogue finira par devenir plus naturel. Le repas est un moment idéal pour vous raconter vos journées, pour discuter de ce que vous avez vu, lu ou entendu. Même les petites choses ont leur importance. C'est ainsi que se tisse l'intimité d'un couple !

Dans notre cas, je suis très bavarde et mon mari aussi. Tous les soirs, lorsque nous nous retrouvons, nous nous racontons nos journées, ce qui s'est bien passé, ce qui ne nous a pas plu, ce qui nous a fait rire. Nous nous demandons des conseils, des avis. C'est une habitude que j'ai gardée de mon enfance. Lorsque j'étais petite, tous les soirs, nous dînions en famille. C'était un moment de partage, d'échange où nous nous racontions tout ce qui avait compté dans la journée pour nous. Il me paraît essentiel de se ménager ces bulles où l'on prend le temps de se parler vraiment, sans avoir la télé en fond sonore ou sans être en train de faire autre chose.

Et à force de nous parler, Badri et moi avons fini par nous comprendre d'un simple regard. C'est fantastique de pouvoir savoir ce que pense l'autre au milieu d'un groupe, d'un simple coup d'œil. Essayez, vous verrez, ce don est jubilatoire. Et bien pratique ! Nous sommes les rois pour en user lorsque nous allons nous renseigner pour acheter quelque chose pour la maison. On peut même jouer au bon et au mauvais flic.

Jalousie : danger !

Ah, la jalousie… Cette pulsion difficile à refréner peut devenir très envahissante. Maintenue dans des limites raisonnables, elle a toutefois quelques bons côtés. Elle montre à l'autre que vous tenez encore à lui. Et c'est plutôt flatteur, non ? Mais lorsque l'on se laisse déborder, c'est une tout autre histoire… On devient aigre, suspicieux, on épie l'autre, on l'agresse, et une conversation banale peut se finir en bataille rangée, à base de « qu'est-ce que tu as fait ce midi » et « c'est qui cette collègue ». Et là, la confiance et le dialogue en prennent un sacré coup…

La fidélité au cinéma !

Mon mari et moi attachons une grande importance à la fidélité ; c'est une valeur essentielle pour notre couple. Pourtant, dans mon métier, on doit parfois jouer des scènes d'amour ou embrasser un partenaire de jeu… Mais heureusement, mon mari sait parfaitement faire la part des choses entre la comédie et la « vraie vie », entre moi et le personnage que je joue. Il ne m'a jamais adressé la moindre réflexion, ne m'a jamais demandé de ne pas accepter un rôle à cause de ce genre de scène. Il est même très critique, capable de me dire : « Là, cette scène est mal jouée » ou « Bravo, celle-ci était très émouvante » !

J'ai été jalouse lorsque j'étais une toute jeune femme. Ainsi, je suis bien placée pour vous dire que c'est un sentiment destructeur qui vous ronge de l'intérieur… Ne vous laissez pas détruire – et ne détruisez pas votre couple – à cause de lui !

Si vous vous sentez concernée par ces lignes, vous êtes dans la bonne voie : admettre que l'on a un problème est déjà un net progrès. Ensuite, cherchez à comprendre d'où vient ce sentiment. Généralement, on est jaloux lorsque l'on manque de confiance en soi. Peut-être qu'il faudrait travailler là-dessus plutôt que de fouiller frénétiquement les poches de votre amoureux.

Lâchez prise petit à petit

On ne cesse pas d'être jaloux en un clin d'œil. Mais vous pouvez essayer des petites techniques pour vous désintoxiquer tout doucement. Par exemple, lorsque votre moitié sort sans vous, éteignez votre portable pour ne pas être tentée de lui envoyer quinze messages à l'heure. Son téléphone est posé sur la table ? Ne fouinez pas dans ses SMS. À chaque étape, vous vous sentirez libéré(e). Dites-vous que votre couple en vaut la peine !

Je partage des valeurs fortes avec ma moitié

Vivre avec son clone, ce n'est pas une bonne idée. Vivre avec son opposé absolu, non plus. Je ne veux pas vous parler ici des points communs et des différences : si vous préférez la viande et lui, le poisson, si vous aimez le ski alors qu'il déteste le froid, ce n'est pas un problème ! J'évoque en fait l'importance du partage des valeurs dans un couple. En clair, pour qu'un couple puisse tenir la distance, il faut absolument partager les mêmes valeurs profondes. L'ennui est qu'on ne parle pas souvent de ses valeurs au premier rendez-vous. Alors à vous de prendre le temps d'aborder le sujet, de discuter des principes qui vous tiennent profondément à cœur, de comprendre ceux de votre conjoint, et de vous mettre d'accord sur ceux qu'il vous faudra respecter.

Chaque personne a des valeurs qui lui sont propres. Comme je vous le disais, j'accorde beaucoup d'importance à la fidélité dans un couple, mais ce point de vue est personnel. L'essentiel est que vous soyez d'accord entre vous. Cependant, pour qu'un couple tienne la route, je pense que certaines d'entre elles sont indispensables, comme le respect de l'autre et la profondeur de l'engagement.

Le respect

S'il y a un point sur lequel il ne faut absolument pas transiger, c'est le respect de l'autre. Respect physique évidemment (!), mais aussi moral. Le dérapage de vocabulaire, les propos blessants, les gestes déplacés, ce n'est pas acceptable. Toutes proportions gardées, les mots peuvent blesser comme des coups. J'y pense parfois lorsque j'entends parler de harcèlement scolaire ou des insultes homophobes que certains jeunes reçoivent de la part de leurs propres parents… Notre société actuelle est bien assez agressive. Qu'au moins dans l'intimité du foyer, la douceur règne !

Mon engagement contre la violence faite aux femmes

Cette violence est une chose que ni Badri ni moi ne pouvons supporter. Quelle femme n'a pas subi des propos ou des gestes déplacés, dans la rue ou même au travail ? Ces violences quotidiennes sont banalisées, et c'est intolérable. Voilà pourquoi j'ai choisi d'écrire On se retrouvera. *Pour mettre un coup de projecteur sur les violences qu'ont subies de nombreuses femmes. Et malheureusement, parfois cette violence va encore plus loin. Je parle évidemment du viol. Aujourd'hui encore, celui-ci est considéré comme une agression banale. Mais derrière ce mot se cache un véritable meurtre moral, une blessure violente et profonde. J'espère que ce livre,* On se retrouvera, *permettra de libérer la parole des victimes.*

Non, je ne vous invite pas à vous disputer tout en faisant des câlins ! Simplement, lorsque la situation commence à s'envenimer, évitez de (trop) déraper. Car le respect mutuel est essentiel pour votre couple. Badri et moi, nous sommes très attentifs à cette question. La violence, même verbale, nous est totalement insupportable. Nous prenons le plus grand soin à ne pas blesser l'autre. Et lorsque nous nous disputons

– eh oui, forcément, cela arrive ! – nous nous efforçons de ne pas dépasser les bornes. J'avoue, parfois (car j'ai un tantinet le sang chaud…) mes paroles dépassent mes pensées. Mais dès que je m'en rends compte, je présente mes excuses. Car la vie est trop courte pour perdre du temps à bouder chacun de son côté. Faire le premier pas ne signifie pas être faible. Au contraire, vous montrez que vous êtes prêt à trouver un terrain d'entente.

P'tits trucs pour se disputer sereinement

Ah, les assiettes qui volent, les noms d'oiseaux, les « rentre chez ta mère »… Si ces amabilités ont un certain charme au cinéma, dans la vraie vie, elles sont vite épuisantes. Voici quelques petits trucs pour éviter de déterrer la hache de guerre trop souvent.

- Souvenez-vous que vous aimez votre conjoint.
- Ne ruminez pas : dites les choses sur l'instant, et gentiment.
- Ne soyez pas blessant(e), c'est totalement contre-productif.
- N'accusez pas l'autre et ne généralisez pas. Dire : « Tu laisses toujours la cuisine en bazar », et « Peux-tu débarrasser la table, s'il te plaît », ce n'est pas pareil.
- Différez la discussion si vous sentez que la moutarde vous monte au nez. Allez faire un petit tour, vous serez plus calme pour parler après !
- Ne soyez pas rancunier/-ière en amour.
- Lorsque vous vous quittez le matin (en partant au travail, en allant déposer les enfants à l'école, etc.), dites-vous « je t'aime » comme si c'était la dernière fois que vous vous voyiez.

L'engagement

Mon mari et moi avons attendu six ans avant de nous dire « oui ». Pour nous, le mariage était un engagement très fort, bien plus qu'un simple papier signé à la mairie. Je crois beaucoup à la symbolique du mariage, à la promesse de soutien mutuel, au partage des biens dans le couple. Bien sûr, ce respect pour le mariage m'est très personnel. On peut très bien se sentir très engagé vis-à-vis de son compagnon ou de sa compagne sans passer par la case mariage !

J'admire énormément les personnes qui sont encore ensemble après trente, quarante ou cinquante ans de vie commune. Pour moi, il est très important de s'engager profondément dans son couple. Savoir traverser les mauvais moments ensemble, se soutenir malgré les épreuves, les difficultés, je trouve cela très beau. Au moins aussi beau que de profiter des bons moments ensemble ! Car un vrai couple n'est pas du jetable ! Hélas, parfois, la séparation arrive – je sais de quoi je parle, je suis fille de divorcés. Mais un divorce, une séparation, ce n'est pas anodin, ce n'est pas une décision que l'on prend en cinq minutes parce qu'on s'est disputés sur la couleur des rideaux. Je crois qu'il faut savoir faire des efforts pour que le couple puisse durer…

Ma playlist « lover »

Pour créer une ambiance romantique, rien ne vaut une bonne musique d'ambiance. Voici celles que je préfère. À vous de faire votre choix !

– *Let her go* de Passenger

– *Video game* de Lana Del Rey

– *Onde sensuelle* de M

– *Crazy in love* de Beyoncé

– *La superbe* de Benjamin Biolay

– *Ma benz* de Brigitte

– *Amour siamois* de Soprano feat. Lili Poe

– *Bang bang* de Nancy Sinatra

– *Wild horses* des Rolling Stones

– *Marvin Gaye* de Charlie Puth

– *Talk* de Coldplay

– *Goodnight moon* de Shivaree

– *U-turn* d'Aaron

Mon couple, *c'est* un travail quotidien !

Lorsque j'imagine mes vieux jours, il me vient toujours l'image de l'une de mes tantes, mariée depuis plus de quarante ans, qui regarde mon oncle avec des yeux pleins d'amour. Leur couple me fait rêver. Ils sont si mignons, si proches, que je me dis que j'aimerais beaucoup que Badri et moi ayons la chance de leur ressembler plus tard. Mais je sais que cela demande des efforts… Et que malgré les apparences, ils n'ont pas obtenu ce bonheur sans y mettre du leur. Car si vous vous imaginez que les conjoints qui ont l'air toujours amoureux au bout de trente ans ont juste eu de la chance, vous vous mettez le doigt dans l'œil ! Eh oui, un couple se travaille quotidiennement.

Pas facile, me direz-vous, de sortir le grand jeu après une journée de travail et un détour pour faire des courses. Attention, je n'ai jamais dit que c'était facile. Mais avec de la bonne volonté de part et d'autre et un peu d'imagination, le quotidien peut receler des moments si agréables qu'ils vous mettront des étoiles dans les yeux.

Ce que dit Badri, ma moitié, sur le couple

Avant tout, dans un couple, il faut s'aimer ! Et cela ne se commande pas. Mais pour que l'amour puisse durer, je pense qu'il est très important de se faire confiance. Je ne suis pas d'un naturel jaloux – sinon, je ne serais pas marié avec une actrice ! – mais cette confiance que nous avons l'un envers l'autre, c'est essentiel. À qui se livrer entièrement, si ce n'est la femme avec qui on partage sa vie ?

Et puis ne pas être heureux au jour le jour parce que l'on attend quelque chose de spécial ou de hors de portée, c'est dommage… Il faut savoir profiter du quotidien ! Nous, ce qui nous a tant manqué pendant des années, c'est la présence d'un enfant. Et nous avons eu la chance immense de réussir à avoir notre petite Lyana. Alors se réveiller auprès de la femme qu'on aime, voir les sourires de son bébé au réveil, voilà le vrai bonheur, celui de la vie de tous les jours !

Ah, une dernière chose : il n'y a pas de jour précis pour prouver à sa moitié qu'on l'aime. Laëtitia est toujours très touchée lorsque j'ai une petite attention ou que je lui offre des fleurs sans raison particulière. Je trouve que c'est très important !

Ménagez des petites pauses

Vous adorez aller au musée, mais il ou elle déteste cela ? Votre moitié est fan de trekking, et la simple vue d'une basket vous donne des courbatures ? Ce n'est pas le signe que vous êtes incompatibles, bien au contraire. Tout faire ensemble du matin au soir n'est pas une bonne idée ! Vous êtes deux personnes différentes, fusionner en une seule volonté ne peut pas rendre heureux et risque de vous frustrer. C'est pourquoi il est important de garder des petits moments où vous faites « vos trucs à vous ».

Votre meilleur(e) ami(e) agace votre compagnon ? Son meilleur camarade vous tape sur les nerfs ? Tant mieux. Ainsi, vous continuez à voir de temps en temps vos copines et vos copains chacun de votre côté. Cette séparation momentanée est très bénéfique, car elle permet de ne pas vous étouffer mutuellement. Mieux encore, on peut se retrouver ensuite en ayant des choses à se raconter, à s'apprendre mutuellement. Cela aide à garder le plaisir de redécouvrir l'autre !

Pas de secrets !

Avoir des activités chacun de son côté, c'est bien. Par exemple, je fais du piano, beaucoup de sport et j'adore écrire ; Badri, lui, est fan de jeux vidéo et aime la photographie, le foot. Mais il ne faut pas confondre avec les non-dits ! Les secrets, voilà ce qui peut pourrir un couple. Faire confiance, dire la vérité est beaucoup plus sain. Certains vous diront qu'il est important d'avoir un jardin secret. Selon moi, il ne devrait pas exister de secrets pour son compagnon. Même si elles ne font pas toujours plaisir à l'autre, la vérité et la transparence sont bien plus saines, vous ne croyez pas ?

Ne croyez pas que c'est du tout cuit !

D'accord, vous êtes en couple, éventuellement mariés. Ce n'est pas parce que vous avez signé (métaphoriquement ou vraiment, devant M. ou Mme le maire) que votre union est gravée dans le marbre. Malheureusement, nombreux sont les couples qui se séparent. Tout cela pour vous dire que vous avez tout intérêt à ne pas considérer votre conjoint comme acquis. La séduction, il faut la conserver. Alors oui, il vous a déjà vue en pyjama pilou orné de lapins roses. Et réciproquement ! Mais ce n'est pas une raison pour ne pas faire un petit effort régulièrement. C'est valable pour tous les deux ! Si vous sentez que l'autre cherche à vous séduire et à entretenir la flamme, vous tenez l'un des secrets des couples heureux qui durent.

Mes conseils pour ne pas vous laisser aller

Le quotidien est sournois… au fur et à mesure, on laisse entrer des habitudes néfastes pour l'image que chacun a de l'autre. Soyez forts tous les deux, ne le laissez pas gagner !

- Fermez toujours la porte des toilettes (si, si, certains la laissent ouverte…) !
- Faites-vous belle (et beau) de temps en temps rien que pour l'autre.
- Faites du sport (vite, relisez le deuxième chapitre !).
- Faites-lui des surprises (cela focalise l'attention sur lui).
- Donnez-vous des rendez-vous en dehors de la maison.
- Jouez à des jeux de société (coquins…).

Acceptez les évolutions…

Les premières années, on se découvre moralement, psychologiquement et sexuellement. On se teste, on essaye de comprendre comment fonctionne l'autre, on se jauge, on se pose beaucoup de questions… C'est électrique, tout feu tout flamme ! C'est d'ailleurs souvent durant cette période que la jalousie est à son comble.

Et au bout de plusieurs années, la passion qui brûlait si fort a tendance à tiédir… Et c'est tout à fait normal ! Vivre toute sa vie dans cet état de fièvre passionnelle n'est pas possible. Heureusement, d'ailleurs ! Il faut accepter que les relations d'un couple évoluent. Se battre contre l'inévitable ne sert à rien.

Mais pas de panique, ce n'est pas la fin du monde pour autant. Car il peut y avoir énormément d'avantages à ne pas être un tout jeune couple. On se connaît mieux, on sait ce qui fait plaisir à l'autre, on se comprend à demi-mot, etc. Avec le temps, la tendresse, la complicité et l'amour prennent le pas sur la passion. C'est beau, non ? En plus, rien ne vous empêche de ranimer la passion de temps en temps, par une petite soirée sensuelle. Et quoi de mieux qu'une soirée coquine lorsque votre partenaire vous connaît sur le bout des doigts…

Surprenez l'autre !

Depuis notre première année, Badri et moi avons toujours organisé des surprises pour nos anniversaires respectifs. C'est LA journée où l'on est le roi / la reine. Un petit dîner, un cadeau, un massage, un petit séjour, tout vise à faire plaisir à l'autre, qui se laisse porter tout au long de la journée. Rien de tel pour nous retrouver rien que tous les deux, loin des soucis quotidiens.

... ET JOUEZ AVEC ELLES !

Dîner à 20 heures tous les soirs devant le JT, puis aller se coucher à 22 heures tapantes en chemise de nuit en flanelle et chaussettes, ne fait pas rêver... Le quotidien plan-plan, les jours qui se suivent et se ressemblent, voilà un sacré tue-l'amour. D'un autre côté, réussir à surprendre l'autre tous les jours, c'est franchement impossible ! Mais la routine, malheureusement, ne peut pas totalement s'éliminer de nos vies. Ce n'est pas une raison pour la laisser s'installer excessivement : les soirées télé - chemise de nuit flanelle - chaussettes doivent rester exceptionnelles, ne l'oubliez pas !

Attention, entre la routine et les rituels de couple, la différence est grande. Si la première est à éviter, la seconde, il faut la cultiver ! Par exemple, mon mari et moi, l'été, nous prenons souvent un petit apéritif sur notre terrasse, le soir, en allumant une bougie. C'est notre petit plaisir simple, une habitude de couple qui nous rend heureux. À vous de trouver vos rituels de couple, ces petits riens qui vous rappelleront le plaisir d'être à deux. Une balade, une musique, une activité, peu importe. Il faut juste que ce rite vous ressemble pour qu'il vous... rassemble !

« Cultivez les rituels de couple. »

Mes astuces pour casser la routine

Il n'est pas nécessairement difficile de sortir du train-train quotidien. Quelques petits gestes simples permettent de passer des moments de qualité à deux et de faire sentir à l'autre qu'on tient à lui ! Voici quelques suggestions, à vous d'en trouver de nouvelles qui vous correspondent ! Et à lui de chercher des idées pour vous donner le sentiment d'être aimée.

- Dîner aux chandelles, sans forcément mettre les petits plats dans les grands. Juste pour le plaisir. Le repas pizza-salade aux chandelles, c'est mieux que devant la télé !
- Lui faire couler un bain avec des huiles essentielles et des bougies. Pourquoi pas le prendre à deux.
- Glisser un petit mot doux dans son portefeuille, sous son oreiller, à côté de son bol au petit déjeuner.
- Lui faire un massage avec une musique douce en fond sonore.

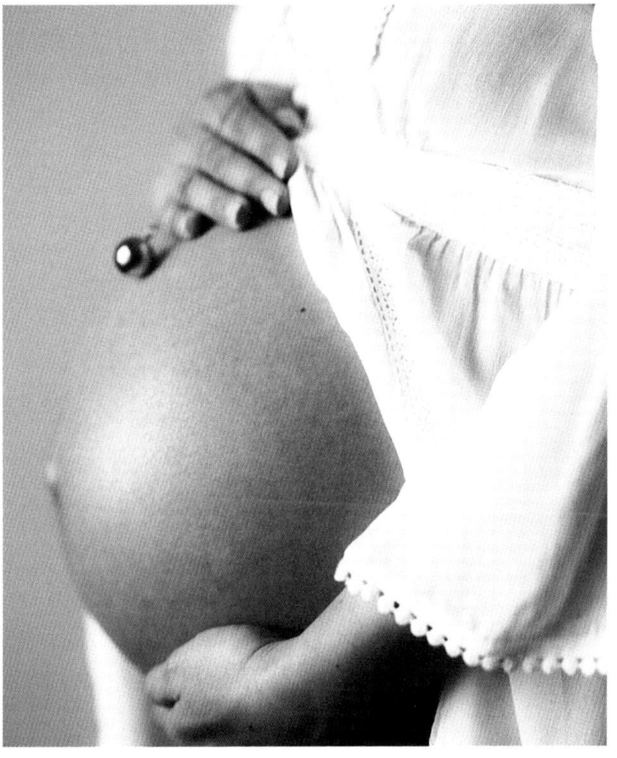

Chapitre 7

Bien dans ma grossesse

Respirez l'instant…

Dans la vie d'une femme, une grossesse est une parenthèse hors du temps – plus ou moins enchantée selon les moments et la future maman ! Je parle en connaissance de cause, car mes souvenirs de grossesse sont encore tous frais, ma petite fille a pointé le bout de son nez il n'y a pas si longtemps que cela.

Parfois, on se sent un peu à part, un peu « à côté » de la vie courante. Parce que, bon sang, on est en train de créer une vie, là ! Et c'est tout de même plus important que la liste des tâches à accomplir ou la dernière réunion au travail… Parfois, on est angoissée. Eh oui, à l'heure actuelle, nos grossesses sont très surveillées – et tant mieux pour notre santé et celle de nos futurs bébés ! Mais cette médicalisation peut entraîner du stress… Parfois, on ne se sent pas au top. Le combo kilos + hormones n'aide pas ! Et enfin, parfois, on se sent débordée. Parce que finalement neuf mois, c'est à peine assez pour effectuer le cheminement intérieur qui permet de devenir maman, tout en continuant à mener sa vie « normale » et en préparant qui plus est l'arrivée de Mister Bébé !

Mais ne nous affolons pas, je vous livre mes astuces qui m'ont aidée à surmonter ces petits problèmes pour vivre pleinement ma grossesse. Car, ne l'oubliez pas, vous traversez une expérience incroyable, qui ne va pas se répéter très souvent. Il faut donc en pro-fi-ter.

Pour vous aider à garder le cap, souvenez-vous que tout cela a pour but l'arrivée de votre enfant… Car c'est vrai, plus rien ne sera jamais pareil : il y a un avant et un après-bébé. C'est un sacré bouleversement dans la vie. Je dirais même un tsunami ! Tous les clichés sur la grossesse et la maternité, vous allez les prendre en pleine figure. Et je vais vous confier un secret : la plupart sont vrais ! Mais le plus important est qu'il s'agit essentiellement d'un immense bonheur.

Ma grossesse, *mon cadeau*

Toutes les femmes ne sont pas égales face à leur envie de maternité. Certaines tombent enceintes en deux semaines, d'autres mettent des années, et malheureusement d'autres n'y arrivent jamais… La grossesse est un cadeau fabuleux que nous n'avons pas toutes la chance de recevoir. Je profite donc de ce chapitre pour aborder un sujet qui me tient particulièrement à cœur : la difficulté que peuvent avoir certaines femmes à tomber enceintes.

Ce long combat, l'espoir toujours renouvelé qui tombe en miettes chaque mois, les coups au moral, les questions de l'entourage, c'est une souffrance profonde. J'en sais quelque chose, j'ai mis dix ans avant de devenir maman…

Je sais que toutes les femmes n'auront pas ma chance, que certaines ne réussiront pas à mener à bien leur combat pour connaître les joies de la maternité. Mais pour celles qui souffrent, comme moi, d'endométriose, il y a parfois de l'espoir. Pour cela, il faut lutter contre la maladie et se faire soigner par des spécialistes. C'est pourquoi je partage mon expérience. En espérant que cela pourra en aider certaines.

L'ENDOMÉTRIOSE, UNE MALADIE MAL DÉPISTÉE

J'ai eu énormément de chance de réussir à devenir mère. L'endométriose est parfois une cause d'infertilité. Au début de mon parcours, on m'a dit que je pourrais sûrement réussir à tomber enceinte. J'ai donc arrêté la pilule. Mais celle-ci a un effet positif pour lutter contre l'endométriose, elle ralentit sa progression. En cessant de la prendre, j'ai donc laissé grandir la maladie, avec le lot de souffrances physiques et les dommages sur mon corps qui l'accompagnaient.

Ensuite, j'ai rencontré des médecins qui m'ont informée que je ne pourrais pas tomber enceinte naturellement, mais que les FIV pourraient peut-être fonctionner. D'autres, enfin, m'ont conseillé d'adopter, me certifiant qu'une grossesse était totalement impossible.

Nous avons finalement rencontré Isabella Chanavaz-Lacheray et Horace Roman, les gynécologues du Centre hospitalier universitaire de Rouen, spécialistes de l'endométriose. Et c'est eux qui nous ont suivis et qui ont réussi à nous accompagner vers cette grossesse tant désirée. Ils ont su nous donner de l'espoir.

« *Ne perdez pas espoir.* »

Qu'est-ce que l'endométriose ?

L'endométriose touche au moins une femme sur dix en âge de procréer. Environ 30 à 40 % d'entre elles auront des problèmes de fertilité. C'est une maladie gynécologique dans laquelle l'endomètre (le tissu utérin) colonise d'autres organes (les organes génitaux, le péritoine, l'appareil urinaire, digestif, et plus rarement pulmonaire), provoquant des kystes. Chaque mois au moment des règles, ces kystes saigneront aussi, créant des micro-hémorragies dans l'abdomen, responsables de fortes douleurs.

Cette maladie est très complexe. On dit même qu'il y a autant d'endométrioses que de femmes atteintes. Ses symptômes peuvent être variés (douleurs, infertilité, règles très abondantes, spotting, brûlures urinaires, douleurs pendant les rapports sexuels, etc.). Malgré la fréquence de cette maladie, l'endométriose est souvent diagnostiquée par hasard, avec un retard moyen de sept années, durant lesquelles elle a eu le temps de causer des dommages notables à différents organes…

Si vous souffrez anormalement pendant vos règles, si vous avez des difficultés à tomber enceinte, pensez à l'endométriose. En plus des conseils de votre médecin, l'association EndoFrance (*www.endofrance.org*), pour laquelle je suis marraine, pourra répondre à vos interrogations. Cette association fait un travail formidable.

Annoncer la grande nouvelle ou garder le secret ?

Chacune d'entre nous a son ressenti face à l'annonce d'une grossesse. Certaines vont le crier sur les toits dès le test effectué, d'autres vont attendre les trois mois fatidiques. Moi, j'ai tenu ma langue durant ce temps, un peu par superstition mais aussi par crainte de la fausse couche. Heureusement, tout s'est bien passé ! Si comme moi vous voulez rester discrète les premiers mois, il va falloir ruser ! Voici quelques idées pour ne pas vous trahir « à l'insu de votre plein gré ».

- Pour refuser le petit verre de vin : « Oh, non, je viens de commencer un régime… dommage, c'est trop calorique », ou alors, « Zut, je prends un traitement médical, je n'ai pas droit à l'alcool, je suis dégoûtée ! »

- Pour masquer les nausées : « Je crois que je couve quelque chose… Ne vous approchez pas trop ! »

- Pour justifier les dégoûts : « J'ai une belle gastro ! »

- Pour camoufler le petit ventre qui pointe : « Il faut vraiment que j'arrête de manger, moi… » ou « Il faut que j'en parle à mon médecin, le traitement qu'il me fait prendre me fait enfler ! »

- Pour justifier la méga-grosse fatigue : « Pfff, je n'ai pas dormi de la nuit : ça ne serait pas la pleine lune par hasard ? »

Le jour où j'ai su que j'étais enceinte

Le 22 septembre 2017 est un jour spécial pour moi. C'est celui où j'ai su que j'étais enceinte… Je prenais un traitement qui luttait contre mon endométriose, qui, normalement, empêche toute grossesse. Pourtant, mes règles n'arrivaient pas… Le matin, j'ai donc fait un test urinaire. Deux barres ! Badri et moi bloquons sur le test. Ce n'était pas possible ! Nous avons appelé la gynécologue, Isabella Chanavaz-Lacheray, en lui demandant : « Mais deux barres, ça veut dire que je suis enceinte ? » Comme ce traitement peut fausser les résultats, elle nous a conseillé de faire un test sanguin, parce que là, il était difficile de se prononcer. C'était un samedi matin. Nous fonçons faire un test au laboratoire, cinq minutes avant qu'il ne ferme pour le week-end. Cela ne s'invente pas, j'avais une dédicace pour mon livre Le bébé c'est pour quand ? *et c'était le premier jour du tournage de mon documentaire* Devenir maman, notre combat contre l'endométriose, *qui a été diffusé sur TF1 le 21 juin 2018. C'est fou, quand même, d'apprendre sa grossesse ce jour-là ! Tout au long de la séance, je n'avais qu'une hâte, c'était d'aller sur Internet pour récupérer mes résultats (la seule solution pour les avoir, puisque c'était un samedi !).*

Sur le chemin du retour, on allait prendre l'avion à Paris, quand j'ai le résultat : positif…
On n'arrivait pas à y croire. Alors on rappelle la gynéco pour lui demander : « Mais positif, ça veut bien dire positif ? » Elle répond : « Mais c'est positif à combien ? » Lorsqu'on lui donne le chiffre, elle s'exclame : « Ah oui, c'est vraiment positif ! Vous êtes même enceinte d'un mois, là ! » On a hurlé de joie ! Cette grande gynéco est celle qui m'a suivie à Rouen, au Centre spécialisé de traitement de l'endométriose. Elle me dit alors qu'elle est de garde et qu'elle peut, si nous le souhaitons, nous faire faire notre première échographie si nous venons à Rouen. On arrivait tout juste à l'aéroport, à Paris. Aussitôt, on fonce en voiture à Rouen, on arrive à 23 h 40 à l'hôpital. Et à 23 h 50, on était en train de faire notre première échographie. Là, Isabella nous dit que tout va bien. Quel bonheur ! En plus, elle nous annonce que depuis quatre à six heures, le cœur de notre bébé bat. Et elle nous l'a fait écouter… C'était merveilleux… Lorsque j'y repense, je me dis qu'un ange gardien veille sur nous…

Ma grossesse et moi

Neuf mois, ce n'est pas rien. Le monde ne s'arrête pas comme par magie le temps de vous laisser « fabriquer » votre bébé ! Concilier sa vie professionnelle, familiale, amoureuse, son épanouissement personnel et une grossesse n'est pas si simple. Les injonctions sont parfois contradictoires, tout le monde a un avis à vous donner, des questions à vous poser. Comment ne pas se sentir déboussolée ? Plutôt que d'écouter tout le monde et de changer d'avis toutes les trois minutes, essayez plutôt de ne pas trop vous laisser influencer : suivez votre intuition ! Après tout, c'est vous qui êtes enceinte, c'est vous qui savez. C'est votre corps, écoutez-vous. Et toc !

Travailler enceinte

J'ai choisi de travailler le plus tard possible, avec quelques petits aménagements sur la fin. J'ai pu le faire parce que ma grossesse n'était pas à risque et que j'étais plutôt en forme. Si c'est votre cas et que vous avez envie de vous épanouir dans votre métier, allez-y ! Ce n'est pas parce que vous allez devenir mère qu'il faut vous priver d'une partie importante de votre vie.

Mon conseil est d'écouter votre corps. Si vous vous sentez capable d'exercer votre profession, de recevoir du monde, de sortir, il faut le faire. C'est comme cela que vous vous sentirez bien.

Mes produits fétiches pendant la grossesse

J'ai eu neuf mois pour les tester, et ceux-là, j'en suis très contente. Efficace et sain, c'est le mix idéal !

La marque Daylily : les ingrédients sont d'origine naturelle, tout est fabriqué en France, hypoallergénique, vegan et non testé sur les animaux. En plus, même si on peut trouver les produits dans certaines boutiques, il existe un e-shop, grâce auquel vous pouvez vous faire livrer à domicile (et parfois, si vous êtes trop fatiguée pour sortir en fin de grossesse, c'est bien agréable !). J'ai beaucoup utilisé la crème de jour avec protection solaire (bien pratique pour éviter le masque de grossesse !). Contre les vergetures (on fait ce que l'on peut, n'est-ce pas… !), le lait fondant anti-vergetures et l'huile sensorielle anti-vergeture sont très bien. Le baume onctueux raffermissant est super-agréable aussi.

La marque Kos : les ingrédients sont essentiellement bio, sans conser-vateurs, sans silicone, sans paraben. Bref, sans une multitude de produits pas franchement terribles pour la santé, surtout si vous êtes enceinte… J'ai beaucoup apprécié leur soin Perle de bien-être pour me masser.

La marque Mustella : j'ai utilisé de nombreux produits de cette marque pendant ma grossesse. Certes, elle n'est pas bio, mais elle est de si bonne qualité que cela vaut tout de même la peine de la recommander. Un gel jambes légères apporte un vrai soulagement. Le sérum fermeté buste et le gel fermeté corps sont très agréables aussi. Et pour les vergetures, il y a l'huile prévention, la crème prévention et… le sérum correction !

Belle et enceinte (si, si !)

Vous êtes enceinte, vous n'entrez pas dans les ordres. Alors ne vous cachez pas. Soyez fière de votre ventre tout rond ! Profitez-en pour le mettre en valeur avec des petits hauts moulants, des robes, des tuniques, qui suivent ses formes. On a le droit de rester féminine (si on en a envie, bien sûr !) quand on attend un bébé, même si on est bien en chair ! Moi, j'avais décidé de ne pas écouter les réflexions désagréables du genre : « Oh, mais tu attends des jumeaux ? » ou « Ben dis donc, t'as pris 30 kilos ou quoi ? » Je suis enceinte, c'est normal de grossir, non mais !

Votre peau est à chouchouter encore plus que d'habitude. Les hormones, la prise de poids fragilisent l'épiderme. Les taches et les vergetures nous guettent, les filles ! Donc attention au soleil, le masque de grossesse ne va pas disparaître ensuite en un clin d'œil. Pour l'éviter, une seule solution : ne pas s'exposer. Mais si vous n'avez pas le choix, un écran total et un chapeau à large bord constituent le minimum syndical. C'est ce que j'ai fait lorsque je tournais *Coup de foudre à Bora Bora*, et, ces précautions ont porté leurs fruits, les taches ne sont pas apparues ! Quant aux vergetures, il paraît que nous ne sommes pas égales face à elles, que le type de peau détermine tout. N'empêche que je me suis tartinée matin et soir, et à mon avis, cela ne peut que faire du bien, surtout si vous ajoutez un petit massage sur les cuisses pour éviter que trop de capitons s'installent. Un petit massage du ventre berce Bébé aussi !

Soyez attentive également à ce que vous mettez sur votre peau. Si dans la vie courante il peut m'arriver d'appliquer la première crème qui me tombe sous la main (du moment qu'elle hydrate, souvenez-vous !), enceinte, je ne m'y hasardais pas. Je ne voulais absolument pas prendre le risque d'utiliser des produits qui auraient pu être néfastes pour mon bébé. Je vous conseille donc de faire très attention aux produits de beauté que vous employez pendant la grossesse. S'ils sont naturels et simples, c'est quand même bien mieux.

Enceinte et gourmande

Impossible pour une femme enceinte de conserver exactement les mêmes habitudes alimentaires. On a aussi des envies spéciales ! J'ai eu ma crise épinards. Bon, j'avoue, j'ai également eu, en début de grossesse, une grosse envie de hamburger et de pizza… Ce n'est pas bien, mais c'était bon quand même.

Quand vous ressentez un besoin impérieux d'aliments caloriques (comme les crêpes, hummm, j'en ai mangé plein au début de ma grossesse !), ne vous frustrez pas ! Faites-vous plaisir, mais au repas suivant, essayez de forcer sur les fruits et les légumes, bio de préférence (et lavés au vinaigre blanc, c'est mieux !).

Et puis un peu de bon sens… Je n'ai pas bu une goutte d'alcool de toute ma grossesse et j'ai évité d'être en contact avec de la fumée de cigarette. Dès qu'un fumeur se trouvait à côté de moi, je m'éloignais. Tout cela reste assez évident, mais il n'est pas inutile de le rappeler ! C'est une petite vie qui pousse en vous : elle vaut le coup de faire des efforts.

Pour une prise de poids harmonieuse

Grossir quand on est enceinte, c'est normal ! Pas question de faire un régime à ce moment-là, ni de vous refuser une glace ou une raclette de temps en temps. Par contre, en suivant quelques règles au quotidien, vous éviterez de prendre trop de kilos :

- Ne grignotez pas entre les repas, ne mangez pas « pour deux ».
- Prenez vos trois repas par jour (plus éventuellement un petit goûter, miam).
- Mangez sainement : pour votre bébé, pizza-frites-coca, ce n'est pas l'idéal non plus ! Moi, je me disais que je faisais découvrir de bons aliments à mon enfant qui allait naître. Les petits pois, les artichauts, les haricots, etc.
- Divisez votre assiette en trois : féculents, protéines, légumes.
- Pas de boissons sucrées, c'est vraiment mauvais. Mais une petite confiture le matin, c'est super !
- Buvez beaucoup d'eau, encore plus que d'habitude !

Les joies des nausées !

La plupart des femmes n'y échappent pas… Souvent les trois premiers mois, pendant toute la grossesse pour les moins chanceuses, les nausées ne nous épargnent rarement ! Dans mon cas, elles ont commencé au deuxième trimestre, essentiellement quand je me lavais les dents. C'est fort pénible, surtout si, comme moi, vous êtes très stricte sur le brossage. Pour tenir le coup, essayez de l'éloigner des repas et testez des dentifrices aux plantes, au goût moins prononcé… Courage !

Sportive et enceinte

Si votre grossesse n'est pas à risque et si votre gynéco vous donne le feu vert, rien ne vous empêche de continuer à faire du sport. Votre corps vous dira merci d'avoir continué à le solliciter après l'accouchement, croyez-moi ! Évidemment, pas question de faire de l'ultra-trail ou de se lancer dans un marathon d'abdos, mais une activité sportive en douceur, régulière, est excellente pour vous et votre bébé.

En fonction de l'avancée de votre grossesse, vous pouvez faire un certain nombre d'exercices. Ce n'est clairement pas le moment de commencer un nouveau sport, mais si vous continuez, en version « soft », celui que vous pratiquez habituellement, c'est une bonne chose. Par exemple, au début, un peu de vélo (en salle, de préférence, pour éviter les risques de chute), ou du fitness doux. Tout au long de la grossesse, de la natation (en plus, elle fait du bien au dos), du Pilates, de l'aquagym douce, et bien sûr de la marche. Généralement, à la toute fin, on marche dix mètres, en se tenant le ventre et les pieds en canard, mais cela fait quand même du bien de bouger ! L'important est de rester active tout en y allant en douceur. Et de faire ce que vous sentez possible.

La petite gym grossesse

Voici ce que j'ai fait à la maison pour garder un peu de tonicité. Attention, demandez l'avis de votre médecin avant de vous lancer, c'est plus prudent !

Un petit mouvement en douceur pour garder des bras (à peu près !) fermes

À une distance de bras, appuyez vos mains contre un mur à la hauteur et à la largeur de vos épaules. Fléchissez les bras jusqu'à ce que votre nez soit près du mur et revenez à la position de départ. Attention, maintenez le dos droit pendant l'exercice.

Un mouvement pour garder des jambes et des fessiers toniques

Debout, tenez-vous le dos droit, avec une main appuyée sur le dossier d'une chaise. Levez la jambe de côté et effectuez des rotations vers l'avant et vers l'arrière. Maintenez une légère flexion du genou de la jambe de soutien.

Un mouvement pour garder un dos ferme

À quatre pattes, mettez une jambe allongée vers l'arrière dans le prolongement du tronc, le dos bien plat, cheville fléchie à angle droit. Effectuez des battements verticaux en contractant la fesse. Attention, ne levez pas la jambe au-dessus du niveau du dos !

Préparer l'arrivée *de bébé*

Mieux vaut ne pas s'y prendre au dernier moment pour préparer l'arrivée de votre bébé, car on est jamais à l'abri d'une naissance inopinée ! Comme je suis un peu superstitieuse, je ne m'y suis pas mise trop tôt, mais les trois derniers mois. Badri et moi nous sommes régalés à préparer la chambre de notre fille Lyana. Nous avons même filmé les moments importants pour pouvoir les montrer à notre petit bout de chou lorsqu'il sera en âge de comprendre et de profiter de ces moments.

Ses petites affaires

Je ne vais pas vous faire la liste exhaustive de toutes les choses utiles à posséder avant l'arrivée de Mister Bébé ! De très nombreux sites et livres le font très bien, et ce n'est pas mon propos. Ce que j'ai envie de vous dire, c'est de rester pragmatique. Naturellement, vous avez envie d'offrir le meilleur à votre bébé, mais ne perdez pas de vue l'essentiel : votre enfant a surtout besoin d'amour, de tendresse et d'attention. La couleur du drap-housse, le tapis d'éveil neuf ou les quinze hochets, tout cela n'a pas grande importance pour lui. En plus, votre bébé sera sûrement gâté par la famille et les amis !

Concernant les vêtements, je vous conseille de ne pas trop en acheter d'avance : on ne sait pas exactement à quelle vitesse Bébé va grandir, quel temps il va faire, les formes qui seront le plus confortables pour lui, etc. Souvent, la maternité fournit une liste de ce qui sera nécessaire à votre bébé pour les premières semaines. Je trouve qu'elle est une bonne base pour faire ses achats. Ensuite, vous pourrez la compléter tranquillement (heureusement, on peut commander en ligne, ce qui évite de faire la queue dans les boutiques avec un nouveau-né !). En cherchant sur Internet, j'ai trouvé Premiers Moments (*www.premiersmoments.com*), un site très agréable qui propose un trousseau des indispensables pour accueillir Bébé. En fonction de ce que vous possédez déjà, vous pouvez moduler. Idéal pour préparer votre valise de maternité sereinement.

Bons plans !

Pour certains équipements comme le siège-auto, l'achat d'un matériel neuf est recommandé, pour des questions de sécurité. Migo, pour les petits prix, qui ne veulent pas faire de compromis sur la sécurité, est particulièrement intéressant, et français ! GB et Cybex font quant à eux partie des leaders, et leur réputation n'est plus à démontrer. Le choix est large : il y a plein de bonnes marques, n'hésitez pas à vous renseigner.

Mais concernant le reste, on peut passer au système D.

- Faites le tour des amis qui ont déjà eu des enfants et pourraient avoir du matériel à vous prêter.
- Pensez aux sites de vente d'occasion comme Le Bon Coin. Certains sont même spécialisés en puériculture (faites attention, vérifiez bien que tout est en parfait état de marche et absolument sécurisé pour votre bébé).
- Faites une liste de naissance. Cette pratique de plus en plus courante vous permet de recevoir ce dont vous avez vraiment besoin (et vous évite d'avoir quinze Sophie la Girafe !).
- Pensez à la location en pharmacie de ce qui vous ne servira pas longtemps (le tire-lait, le pèse-bébé, etc.).

Pour le mobilier, même chose, n'en faites pas trop ! Il y a tout de même quelques éléments qu'il est utile de posséder. Par exemple, vous pouvez investir dans un berceau ou un couffin pour les six premiers mois, c'est très pratique pour faire dormir Bébé à côté de votre lit (selon, d'ailleurs, les recommandations de l'OMS). Nous, nous avons eu un gros coup de cœur pour le berceau de la marque Babybjörn. Il a un voile à la fois élégant et très pratique pour protéger notre fille des insectes pendant l'été et, en plus, il peut se balancer légèrement : pour la calmer, c'est l'idéal. Nous avons également découvert d'autres produits de la marque Babybjörn qui sont très bien : le transat et le porte-bébé. Ils sont en tissu micro-perforé, très pratique pour limiter la transpiration l'été.

Si vous préférez passer directement au lit à barreaux, il existe des réducteurs pour que votre petit bout de chou ne se sente pas perdu dans un trop grand espace. Pour meubler la chambre de notre fille, nous avons commandé du mobilier évolutif qui pourra la suivre plusieurs années. C'est un peu plus cher à l'achat, mais l'ensemble se rentabilise sur le long terme.

Et enfin, la grosse question, presque aussi complexe que l'achat d'une voiture : la poussette... Je suis devenue une grande maniaque des poussettes. Dès que j'en vois une dans la rue, je la scrute, je compare les avantages, les couleurs, le tissu, les freins, tout ! On m'a offert une poussette trois en un de la marque Cybex : sur le châssis, on peut installer une nacelle, une coque ou un cosy qui peut servir de siège-auto et, pour plus tard, un hamac réversible. Le bébé peut alors être face à vous ou face à la route, selon ce qu'il préfère !

La grande question du prénom !

Ah, voilà l'énorme question qui vous taraude depuis que vous avez vu les deux barres sur le test, non ? Entre le prénom à la mode, le prénom rare, le classique, le prénom composé, il n'est pas facile de faire un choix ! Et heureusement que vous y consacrez du temps, car celui que vous choisirez aura une influence sur la vie de votre enfant à naître…

Comme seuls les parents peuvent faire ce choix, il n'est pas aisé de vous donner des conseils… Toutefois, il y a quelques aspects auxquels il faut penser :

- Choisissez un prénom qui aille bien avec le nom de famille. Si l'ensemble est difficile à prononcer, s'il écorche la langue, ce n'est pas le bon choix !

- Si vous voulez tester le prénom auprès d'autres personnes, n'hésitez pas à le faire sur des inconnus. S'ils froncent les sourcils, vous demandent de répéter, d'épeler, c'est probablement ce type de réaction que rencontrera votre enfant en grandissant. À méditer, donc !

- Réfléchissez bien avant de parler des prénoms qui vous plaisent à vos amis ou à votre famille. Ce choix vous appartient, ne vous laissez pas trop influencer !

« Ce choix vous appartient. »

Besoin d'inspiration ?

Il existe de nombreux livres pour vous aider à choisir le prénom de votre bébé. Pour ma part, j'en ai lu plusieurs en notant au fur et à mesure les idées qui me plaisaient. Pour avoir une approche complémentaire, vous pouvez jeter un œil sur de nombreux sites, comme *prenom.com* ou *tonprenom.com*. Ils proposent des moteurs de recherche dans lesquels vous pouvez entrer des critères qui vous importent : longueur du prénom, popularité, sonorité, etc. Une bonne source d'inspiration !

Transmettre la vie *en* restant zen

Transmettre la vie, quand on y pense, est complètement fou. Cela ressemble un peu à un super-pouvoir ! Et une fois votre bébé entre les bras, une nouvelle aventure, bien plus longue et palpitante, s'annonce. Éduquer votre enfant, lui transmettre les notions qui vous semblent importantes, les valeurs, les règles, ne se fait pas en cinq minutes. Et surtout on se prépare à le faire dès la grossesse, en consacrant du temps à celle-ci, physiquement mais aussi mentalement.

Rester zen enceinte

Votre bébé ressent tout ce que vous ressentez. Alors si vous pouvez être détendue, il le sera aussi. L'idéal est de rester complètement zen tout au long de votre grossesse. Vous avez raison, ce n'est pas évident ! Mais on peut faire des efforts pour limiter les dégâts. Ainsi, j'ai tendance à être impulsive, à m'emporter un peu vite avec les proches, mais pendant la grossesse, j'ai essayé de me détendre. Je n'avais pas envie que mon bébé ressente du stress ou de la nervosité. Chaque fois que je me sentais prête à sortir de mes gonds, j'essayais de me calmer. D'ailleurs, Badri était stupéfié.

Alors faites comme moi, essayez d'éviter les conflits et les situations stressantes.

Tout au long de la grossesse, j'ai testé de multiples méthodes pour me sentir bien. Massage, sophrologie, yoga prénatal, gym grossesse, etc. Pour son bien-être et le vôtre, il est nécessaire de prendre le temps de créer un lien avec votre bébé. Et quoi de mieux que de vous consacrer à cette grossesse, rien que lui et vous ? Voici ce que j'ai testé, à vous de faire votre choix ! Attention, n'oubliez pas de demander conseil à votre médecin avant de vous lancer dans ces activités, chaque grossesse est différente et certains mouvements pourraient vous être déconseillés.

Mes petits trucs pour être zen

En arrivant à la maison, passez une tenue confortable. Ahhhhh, un bon caleçon long et un gilet bien moelleux... Démaquillez-vous, rafraîchissez-vous et ensuite, seulement, attaquez-vous aux tâches à effectuer !

Reposez-vous dès que vous en avez l'occasion : micro-sieste après le déjeuner, grasses matinées le week-end,...

Ne gardez pas vos anxiétés pour vous : il faut en parler ! Votre gynéco pourra vous rassurer si vous êtes inquiète pour votre grossesse ; parlez à votre patron si vous avez trop de travail, etc. Il faut é-va-cu-er !

Le yoga prénatal

C'est une très bonne manière de travailler sa respiration, de lutter contre le stress et la fatigue. Certaines postures permettent aussi de limiter la sensation de jambes lourdes. On travaille également sur la souplesse du périnée, un exercice bien utile ! On apprend aussi à mieux se tenir au quotidien (pour s'asseoir, descendre un escalier, se retourner dans son lit...), ce qui aide à limiter le mal de dos. Enfin les exercices de respiration aident à garder une certaine tonicité abdominale (en douceur, bien évidemment), laquelle peut servir au moment de l'accouchement, pour pousser.

La sophrologie prénatale

C'est une méthode de préparation à l'accouchement à part entière. On y apprend à visualiser l'accouchement de manière positive, en l'imaginant à l'avance. Les cours débutent vers quatre ou cinq mois de grossesse, lorsque l'on commence à vraiment s'arrondir. Pendant les séances (en collectif ou en individuel), on écoute une sage-femme, assise ou allongée, en fermant les yeux. Dans un état de demi-sommeil, on apprend à respirer, à se relaxer et à relâcher les tensions.

Cela aide à prendre confiance en soi, et l'objectif est d'arriver à l'accouchement en ayant l'impression d'avoir déjà vécu ce moment, donc d'être beaucoup plus sereine.

Le Pilates prénatal

Cette méthode permet de travailler les muscles en douceur, particulièrement ceux du plancher pelvien (le périnée, encore lui !) qui sont soumis à une forte pression pendant la grossesse et qui pourraient s'affaisser sous le poids du bébé. Une bonne partie des exercices se font à quatre pattes, position très pratique pendant la grossesse. Le Pilates contribue à limiter le mal de dos et la sensation de pesanteur dans le bassin en fin de grossesse.

L'aquagym prénatale

Dans l'eau, on se sent enfin légère et à l'aise pour bouger ! Plus de pressions sur les articulations, on peut effectuer des mouvements (donc se muscler un petit peu) tout en légèreté et douceur. En plus, la pression de l'eau favorise la circulation veineuse et lymphatique des jambes, qui sont moins lourdes.

Et tout simplement, la marche

Il suffit de chausser des baskets bien confortables et de marcher – à un rythme raisonnable – entre une dizaine et une trentaine de minutes selon votre état de forme et l'avancée de votre grossesse. Sur la fin, je faisais plutôt cent mètres et c'était fini ! Mais une marche au grand air fait du bien, même de courte durée. Elle limite la prise de poids, active la circulation sanguine et aide à rester dynamique.

Transmettez vos valeurs et votre histoire

Ah, si nous pouvions savoir à l'avance comment élever parfaitement bien nos enfants, comment les rendre heureux, épanouis, polis, altruistes, justes, et tout et tout… Si quelqu'un avait trouvé la méthode, je pense que nous serions tous au courant !

Pour que des valeurs puissent être transmises, il ne faut pas seulement en parler, il faut aussi les faire vivre au quotidien : si vous voulez apprendre la politesse à votre enfant et que vous ne dites jamais bonjour en montant dans le bus, il ne risque pas de devenir poli… N'hésitez pas à discuter des choses importantes à transmettre avec le papa. Nous avons tous des vécus différents, des expériences diverses, des enfances qui ne sont pas identiques. Et souvent, ce qui semble évident pour l'un ne l'est pas pour l'autre. Si vous n'en parlez pas, vous ne risquez pas de tomber d'accord !

De mon côté, même si c'est encore un peu tôt pour parler de transmission alors que ma fille est encore si petite, j'aimerais lui inculquer quelques valeurs qui me tiennent particulièrement à cœur et qui sont également très importantes pour Badri, comme le respect de soi, le respect des autres et de la différence, ou encore la valeur de l'argent. J'aimerais aussi lui apprendre d'où elle vient, quelles sont ses racines, l'histoire de sa famille, etc. Peut-être que ce sont des vœux pieux et que je n'arriverai pas à faire le quart de ce que j'espère, mais en tout cas, je vais essayer.

Montrer ses sentiments

Avez-vous remarqué que beaucoup ne montrent pas leurs sentiments à leurs enfants ? Nous avons tous des amis à qui leurs parents n'ont presque jamais dit « je t'aime ». Je trouve cela très triste. C'est pourquoi je le dis tous les jours à ma fille, pour qu'elle le sente, qu'elle soit certaine de notre amour inconditionnel pour elle. Faire des câlins, être doux, accompagner l'enfant, c'est essentiel pour l'aider à bien grandir. Essayez, vous verrez, ces marques de tendresse rendent tout le monde heureux !

Conclusion

J'espère de tout cœur que mes petits conseils vous auront donné envie d'accéder à un état d'esprit plus positif. Bien sûr, ce n'est pas facile - même carrément impossible - de tout mettre en application d'un coup. Et puis à l'usage, certaines astuces vous conviendront, d'autres pas du tout. C'est à vous de trouver ce qui vous aide à vous sentir bien.

Alors surtout, ne soyez pas trop dur(e) envers vous-même. Personne n'est épanoui ou zen du matin au soir, toute l'année. Ça serait même un peu inquiétant… Parfois, on passe une sale journée. Parfois, on n'a pas envie de faire l'effort. Ce n'est pas bien grave. Ce qui compte, c'est d'être capable de se dire que ça ira mieux demain, voilà tout !

C'est pourquoi je vous conseille de « tester » une nouvelle astuce de temps en temps. Voyez si vous l'intégrez bien dans votre quotidien, si ça améliore votre bien-être. Puis passez à une autre. Petit à petit, vous disposerez de plus en plus d'outils pour positiver. Car l'important, c'est d'être dans la bonne dynamique, dans l'envie de croquer la vie à pleines dents ! Croyez-moi, ça en vaut largement la peine. Et en plus, vous le méritez, ne l'oubliez pas :-)

Nous voulons tous le bonheur : tendez la main,
donnez-vous les moyens d'y accéder !

Je vous embrasse...